아프고 상처 받은 우리를
버티게 해줄 힘에 대한 이야기

귀를 기울여줄
한 사람만 있어도

오츠 슈이치 지음
서라미 옮김

중앙books
JoongAng Ilbo

당신이 나의 말에 귀를 기울여준다면

지금 당신에게 걱정거리가 있나요?

주변에 힘들어 하는 분이 계신가요?

그렇다면 이 책을 끝까지 읽어보시라고 권하고 싶습니다.

페이스북이나 트위터 같은 SNS가 발달하면서 사람과 사람 사이의 연결이 쉬워졌습니다. 내 의사를 누군가에게 전달하기가 예전보다 훨씬 수월해졌다는 것은 의심할 여지없는 사실입니다. 하지만 이렇게 소통의 통로가 많은데, 힘이 들고 외로울 때 나의 아픔을 제대로 이야기할 데가 없다는 생각이 드는 건 왜일까요? 주변에 좋은 사람들이 얼마든지 있는데도 고독감이 여전한 것은 무엇 때문일까요?

흔히 생각하기에는 아는 사람이 많거나 인맥이 화려하면 다른 사람들에게 힘이 되어주기도 쉽고 고통스러운 순간에 위안을 얻기도 쉬울 것 같은데, 실제로는 그렇지 않은 경우가 많습니다. 고통받는 사람과 마주하는 방법은 따로 있기 때문입니다. 그때 필요한 마음가짐과 기술은 평소 인간관계와는 별개의 문제입니다. 이 책에서는 그것에 관한 이야기들을 나눠볼까 합니다.

저는 말기의료 전문의입니다. 지금까지 1,000명이 넘는 환자를 마지막까지 간호했습니다. 그리고 그 몇 배나 되는 환자 가족들과 만났습니다. 저는 완화의료 전문의이기도 합니다. 이 분야도 괴로 워하는 환자나 그 가족들에게 힘을 주는 데 무척 도움이 됩니다.

말기의료나 완화의료에 필요한 마음가짐과 기술을 알면 고통 받 는 누군가에게 힘이 될 수 있는 것은 물론 스스로 괴로움에서 벗 어나는 데에도 유용합니다. 자신은 물론 타인에게 힘이 되는 사람 이 한 명이라도 더 많아지기를 바라는 마음에서 이 책을 쓰게 되 었습니다.

우리 사회는 앞으로 고령화가 급격히 진행될 것입니다.
그리고 고령자들이 일정 연령이 되면 한꺼번에 사망하는 '다사사 회多死社會'가 도래할 것입니다. 일본의 경우, 2011년 기준 총 사망 자 수가 125만 명입니다. 하지만 30년 뒤인 2040년에는 총 사망 자 수가 170만 명으로 증가한다고 합니다. 분명 고령화로 인해 다 양한 고통에 직면하는 분들이 많아질 것입니다. 그러니 앞으로 우 리 사회에는 '공조共助'가 더욱 중요해질 것입니다.

이런 시대일수록 서로가 서로에게 힘이 되어주는 기술이 필요합 니다. 그러려면 먼저, 나에게 힘이 있어야 하겠지요.

인간의 삶이 길어지는 만큼 우리 사회는 힘든 일들이 더욱 많아질 것입니다. 하지만 우리 각자가 조금씩만 노력한다면 서로가 서로에게 힘이 되어주는 따뜻한 사회가 될 수 있을 것입니다. 그 과정에 이 책이 조금이나마 도움이 되었으면 좋겠습니다.

책을 열며
오츠 슈이치

차례

2장
귀를 기울이면 보이는 것들

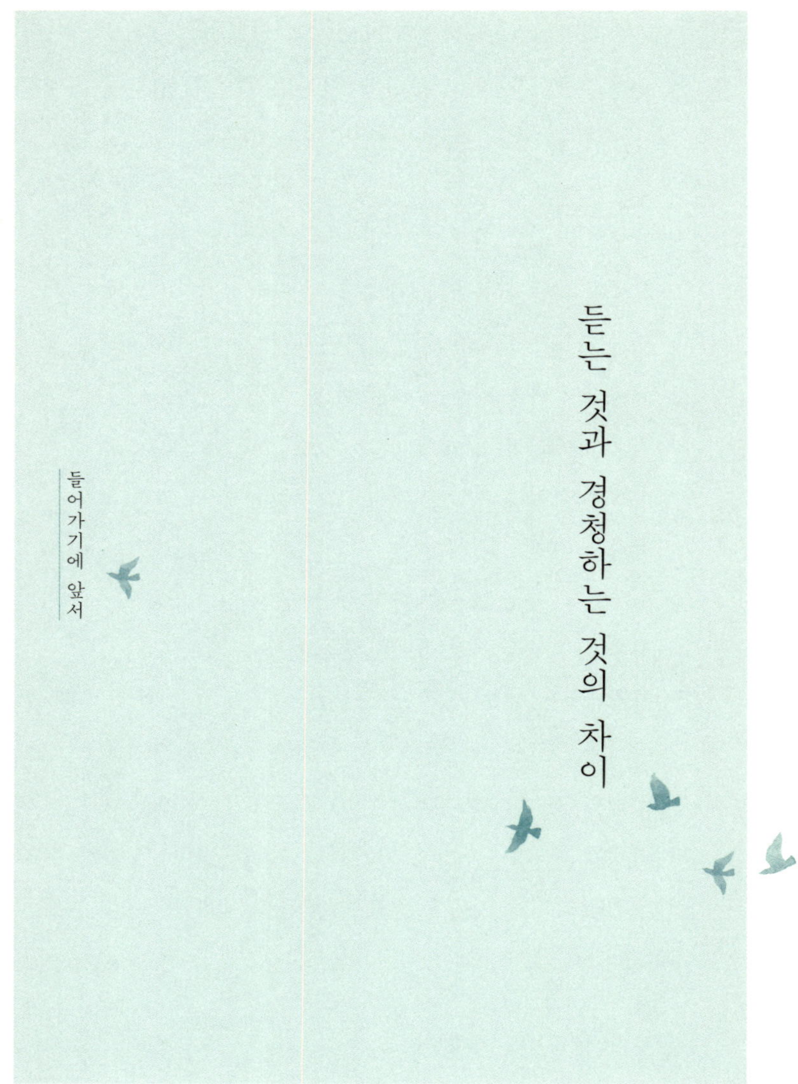

듣는 것과 경청하는 것의 차이

저는 죽음을 앞에 둔 수많은 환자와 그의 가족들을 돌봐왔습니다. 절망 가운데 있는 그들의 고통을 덜어주고 새로운 힘을 불어넣는 일을 해왔습니다. 저를 통해 그들은 몸과 마음이 더욱 강해지고 깊은 평안을 얻었습니다. 그 비결은 바로 '경청'에 있습니다.

경청하는 것과 듣는 것은 다릅니다.
귀 기울여 듣는 것, 즉 경청하는 것은 단순히 듣는 것보다 훨씬 멋진 일입니다.

듣는다는 뜻의 한자인 '들을 문聞'을 글자 모양대로 풀면 '문 밖에서 귀를 대고 안의 상태를 살핀다'는 의미입니다. 반면 경청하다는 뜻의 한자인 '들을 청聽'은 '귀를 왕으로 삼아 열네 가지 심정으로 마음의 소리까지 듣는다'는 의미입니다.
또는 '청聽'의 오른쪽 부분과 '덕德'의 오른쪽 부분이 비슷하다는 점에서 '덕을 갖고 귀를 기울이다'라고 풀이하기도 합니다. '들을 문聞'이 문 밖으로 새어 나오는 소리를 듣는 행위라면 '들을 청聽'은 마음의 소리까지 깊이있게 듣는 행위입니다.
저는 이 책에서 '경청하는 것聽'과 '듣는 것聞'을 분명하게 구분해 사용하려고 합니다.

세상에는 가볍게 이야기 하고 가볍게 듣는 사람이 많습니다. 그런 경우는 듣는다고 말하지 경청한다고 하지 않습니다. 우리 모두에게 힘을 주고 고통을 극복할 수 있도록 도움을 주는 것은 듣기가 아니라 경청입니다.

제가 몸담고 있는 완화의료 분야에서는 환자에게 힘을 주는 기술을 크게 두 가지로 나눕니다. 하나는 전문 지식을 바탕으로 약이나 의료 요법을 처방하는 기술이고, 다른 하나는 경청을 기반으로 한 커뮤니케이션 기술입니다. 둘 중 하나만으로는 제대로 치료하지 못합니다. 두 가지를 모두 구사해야 환자에게 힘을 줄 수 있습니다. 그래서 요즘은 경청을 '치료적 대화'라고도 부릅니다.

이 책을 통해 경청의 바탕이 되는 마음가짐을 살펴보고 실제로 경청을 할 때 필요한 기술들을 소개하고자 합니다. 우리는 모두 자기 자신을 치유할 힘을 지니고 있습니다. 그리고 이를 북돋우는 것이 바로 주변 사람들의 '경청'입니다. 저는 의료 현장에서 그러한 사례를 무척 많이 봐왔습니다. 마지막에 나를 살리는 것은 바로 나 자신이지만, 그 힘을 밖으로 꺼내게 하고 더욱 강하게 만들기도 하는 것은 주변 사람들이 전하는 '경청의 힘'입니다.

이 책에는 의료 현장에 몸 담고 계신 분들이 실천할 수 있는 내용이 많습니다. 실제로 몸이 아픈 환자들을 간호하고 있는 의료진이나 가족 혹은 지인 중에 돌봐드려야 하는 분이 있다면 특히 와 닿는 부분이 많으리라 생각합니다.

하지만 기본적으로 이 책은 일반 독자를 위해 쓴 것입니다. 이 책에 실린 내용은 의료 현장뿐만 아니라 일상생활에서도 널리 적용되는 것들입니다(다만 제 직업이 직업이니 만큼 의료 현장 관련 사례가 많다는 점을 이해해주시기 바랍니다).

내 주위의 아프고 상처 받은 이들에게 힘이 되어주고 싶을 때, 그리고 내 스스로 나를 치유할 수 있는 계기를 찾고 있을 때, 이 책에서 말하는 경청의 방법이 큰 도움이 될 것입니다. 그것이 신체적인 고통이든 마음의 고통이든 마찬가지입니다. 경청하는 방법을 알면 누구에게든 힘이 되어줄 수 있습니다.

그럼 이제 시작해볼까요?

잠시 말을 멈추고
가만히 귀를 기울이세요.

지금 이 순간
치유의 기적이 시작됩니다.

지금 우리에게 경청이 중요한 이유

제가 전하고자 하는 경청의 힘은
SNS 친구 수를 늘리는 데에는 아무런 도움이 되지 않습니다.
하지만 고통 속에서 방황하는 누군가가 곁에 있다면
경청을 통해 여러분은 이 순간 그의 인생에
가장 중요한 사람이 될지도 모릅니다.

어느 할머니 약사의
약국 이야기

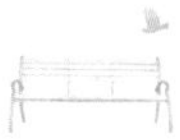

한 약국이 있습니다. 문을 연 지 10년이 지났으니 퍽 오래된 약국이지요. 제가 어릴 적인 1980년대에는 손님이 너무 많아서 약사가 자리에 앉을 새가 없을 만큼 바빴습니다. 60~70년대에는 훨씬 더 바빴다고 합니다. 중년 여성인 약사는 끊임없이 찾아드는 손님들의 이야기에 일일이 귀 기울이며 약을 조제했습니다.

그러나 30년 뒤, 불경기가 닥쳤습니다. 어느 약국 할 것 없이 힘들어졌습니다. 이 약국이 위치한 상가는 어느새 샛길로 전락해 종종 걸음으로 지나치는 사람 외에는 인적을 느낄 수 없게 되었습니다.

지금도 이곳은 80대 중반의 할머니가 된 약사가 여전히 운영하고 있습니다. 물론 경기가 침체되면서 문을 닫을 위기에 처하기도 했습니다. 평범한 할머니가 혼자 운영하는 약국이 불경기에 잘될 리가 없습니다. 그래도 아직 영업을 계속 하고 있습니다.

비결 중 하나는 맞춤 조제하는 '한방약'이었습니다. 그러나 비결은 그뿐이 아닙니다. 또 한 가지 중요한 요소가 있습니다. 자, 그것은 무엇일까요?

사실 이 약국은 제 할머니가 운영하는 곳입니다. 이바라키 현 시골 한 구석에서 지금도 씩씩하게 영업을 하고 계십니다. 일하는 사람은 할머니 한 분뿐이지만요. 이곳의 유지 비결은 바로 '손님의 말을 귀 기울여 들어주기'입니다.

비교적 여유가 있었던 80년대에는 이 약국도 무척 바빴습니다. 하지만 저는 그 바쁜 와중에도 할머니가 '앉을 새도 없이' 바쁘게 일하는 모습보다 '앉아 계신 모습'을 더 자주 봤습니다.

할머니는 아무리 힘들어도 결코 내색하지 않고 손님이 오면 친히 마주 앉아 이야기를 나누었습니다. 이야기를 하려는 사람이 있으면 기꺼이 시간을 내어 경청해주었습니다. 손님들은 분명 약을 사러 약국에 왔지만 그것이 전부는 아니었습니다.

그들은 병으로 인한 불안도 함께 안고 왔던 것입니다. 가정이나 직장, 사회에서 겪는 어려움도 함께 털어놓고 싶어 했습니다. 인간관계에서의 알력, 이를 테면 시어머니와 며느리 사이의 갈등이나 아무리 일해도 나아지지 않는 살림살이에 대한 고충도 털어 놓았습니다.

손님들은 시시콜콜한 이야기까지 경청해주는 이 약국의 단골이 되었고, 그 덕분에 소상공인은 살아남기 힘들다는 불황에도 꿋꿋하게 유지되고 있습니다.

물론 할머니는 손님들의 이야기를 들으면서 환자의 증상이나 체질을 더 잘 알게 되었을 테고, 이것이 약효 좋은 한방약을 조제하는 비결이 되기도 했을 것입니다. 하지만 오랫동안 이야기를 나눈 뒤 편안한 표정으로 돌아가는 손님들의 모습은 단순히 약만으로는 설명할 수 없습니다.

아마 손님들은 이 약국에 이야기를 하러 왔을 겁니다. 그리고 약을 먹기도 전에 어느 정도 호전되어 편안한 얼굴로 돌아갔을 겁니다. 그것은 분명 경청의 힘 덕분이었을 겁니다.

친구가 많아도
고독한 것은

"저는 친구가 별로 없습니다. 태어날 때부터 사교성이 없었나 봐요."
이런 고민을 하는 분들이 많습니다. 하지만 이런 분들도 경청을 잘
하는 데는 아무런 문제가 없습니다. 흔히 말하는 사교성, 즉 많은
사람들과 관계를 맺어 인맥을 넓히는 능력은 힘들어 하는 사람에
게 힘을 주는 '경청'과 다르기 때문입니다.

아무리 사교성이 좋아도 다른 사람의 이야기를 귀담아들을 줄 모
르는 사람이 있는가 하면, 친구는 몇 안 되지만 진심으로 마음을
터놓을 수 있는 사람이 있습니다. 사실 친구가 너무 많으면 한 사
람에게 쏟는 정성의 크기가 오히려 작아지기 마련입니다.

힘겨워하는 사람에게 힘이 되고 싶을 때에 필요한 것은 무엇일까요? 가장 중요한 것은 '저 사람에게 힘이 되고 싶다'는 진심 어린 마음입니다. 이러한 마음으로 상대방에게 온전히 집중하는 자세가 중요합니다.

또 '경청의 힘'을 갈고 닦는 데에는 '감성'도 무척 중요합니다. 여기서 말하는 감성이란 '상대와 공감하는 마음'입니다. 다른 능력이 그렇듯 감성도 사람마다 갖고 있는 정도가 다릅니다. 평생 한 번도 타인에게 공감해보지 못한 사람이 있는가 하면, 거꾸로 너무 많이 공감해 지치는 사람도 있습니다.

공감하는 마음도 훈련을 통해 갈고 닦을 수 있습니다. 저도 10대보다 20대, 20대보다 30대에 다른 사람의 마음을 더 잘 이해할 수 있게 되었습니다. 다양한 관점에서 생각하려고 의식적으로 노력하고, 일이 발생한 배경까지 알기 위해 애쓰다 보면 감성도 점점 성장하게 됩니다.

친구가 많다고 해서 그들에게서 반드시 힘을 얻을 수 있는 것은 아닙니다. 말기 환자들의 진료 현장에 있으면 건강하던 시절의 교우 관계가 유지되지 못하는 경우를 많이 보게 됩니다. 환자 스스로 "내 몸이 약해진 모습을 보여주고 싶지 않다"며 만남을 거부하기도 하고, 지인들이 자발적으로 발길을 끊기도 합니다. 그러다 보니 마지막 가는 길은 가족이나 의료진과 함께 단출하게 준비하는 분들이 많습니다.

아무리 유명했던 사람이라도 세상을 떠나고 몇 년 뒤에는 사람들의 기억에서 점차 사라집니다. 결국 죽어서도 나를 잊지 않고 기억하는 사람은 '나와 진심으로 마음을 나눈 사람'뿐입니다.

제가 여러분에게 전하고자 하는 '경청의 힘'은 겉보기에 친한 인간관계나 SNS 친구 수를 늘리는 데에는 전혀 도움이 되지 않습니다. "저 녀석은 내 마음을 알아주었어!", "저 사람 덕분에 오늘의 내가 있지"라고 생각할 만한 진정한 관계를 만들기 위한 것입니다. 그러므로 지금 내가 친구가 얼마나 많은지, 사교성이나 친화력이 얼마나 뛰어난지, 첫인상이 좋은지 따위에는 마음 쓸 필요가 없습니다.

진정한 관계가 형성되면 고독하지 않습니다.
겉보기에만 친한 관계에 둘러싸여 있으면 막상 친구가 필요할 때 고독해집니다. 저는 실제로 그렇게 임종을 맞이하는 분들을 많이 봐왔습니다.
경청은 타인에게 힘을 주고 그럼으로써 나에게도 힘을 줍니다. 그리고 진정한 관계를 만들어줍니다.
그 경청의 힘에 대해 여러분께 찬찬히 설명해드리려고 합니다.

혼자가 아니라는
사실만으로도

잠시 옛날이야기 하나 들려드릴까요?

고대 인도에 위대한 왕이 두 명 있었다고 합니다. 둘 다 신이 될 자격이 있었는데, 후에 둘 중 한 사람은 '일절지위여래'라는 신이 되었고 다른 한 사람은 신이 되지 못했습니다. 대신 그는 스스로 지옥에 떨어져 끝없는 고통에 시달리며 사람들을 구하는 길을 선택했습니다. 그가 바로 '지장보살'입니다.

저는 지장보살의 이야기를 들을 때마다 고통 받는 사람을 진정 돕는 길은 대단한 힘으로 그를 그곳에서 건져내는 것이 아니라 단지 그 곁에 머물러주는 것이 아닐까 하는 생각이 듭니다.

일본에 전해 내려오는 이야기 중에도 이와 비슷한 것이 있습니다. 일본의 시코쿠라는 섬에는 사찰 88곳을 하나의 길로 이은 '시코쿠 88사찰 순례길'이 있습니다. 산티아고 순례길과 함께 세계 각지의 여행자들 사이에서 회자되고 있는 도보 여행 루트입니다. 8세기, 일본 불교를 세상에 알린 홍법대사弘法大師라는 승려가 있었는데 그가 시코쿠 해안가를 따라 수행한 길이 지금의 시코쿠 88사찰 순례길이 되었습니다.

그런데 이 길을 걷는 여행자는 "혼자 걸어도 혼자 걷는 것이 아니다"라고 말합니다. 눈에 보이지는 않지만 순례자 곁에서 홍법대사가 같이 그 길을 걷는다고 전해지기 때문입니다. 홍법대사와 함께 그 길을 걸으며 순례를 체험한 사람은 순례를 마친 후에도 그 존재를 마음 깊은 곳에서 느낄 수 있기 때문에 영혼의 안식을 얻는다고 합니다. 그래서 사람들은 '언제나 두 사람이 걷는다'는 뜻의 '동행이인同行二人'이란 글자를 옷이나 모자에 새기고 그 길을 걷습니다.

한번 상상해보세요. 고난과 마주한 한 사람이 있습니다. 그리고 그 곁에 또 한 사람이 있습니다. 그 둘이 함께 같은 길을 걷습니다. 거친 길을 걸어가는 그 순간 혼자가 아니라는 사실만으로도 사람은 커다란 위안을 얻습니다. 그 따스함과 든든함을 떠올려보세요.

주위에 고통 받는 누군가가 있나요?
그 사람에게 힘이 되어주고 싶나요?

그렇다면 곁에 가만히 머물러주세요. 지장보살처럼, 홍법대사처럼
그 곁에서 함께 고통을 나누며 그가 가는 길을 담담히 지켜봐주세
요. 내가 그의 문제를 해결해줄 능력이 없다고 해도 괜찮습니다.
그가 진정 원하는 것은 "당신이 답을 발견할 때까지 내가 곁에 있
어 주겠다"는 한 마디일 테니까요. 그것만으로도 그는 큰 위로를
얻을 것입니다.

상대가 답을 찾을 때까지 담담히 곁에 머무르는 것.
이것이 경청의 시작입니다.

삶과 죽음에 대해
누가 묻는다면

누구나 '존재'에 대한 고민을 하는 순간이 있습니다. 특히 어떤 문제로 고통 받고 있을 때, 그리고 그 고통이 끊임없이 이어지고 있을 때 자신의 존재 가치에 대해 혹은 자기 인생의 의미에 대해 고민을 하게 됩니다. '나는 왜 태어났을까?', '내 인생에 가치가 있나?', '내가 더 살아갈 이유가 있을까?' 이런 자문을 하면서 더욱더 괴로움의 나락 속으로 빠져들어 갑니다. 그러다보면 삶과 죽음에 대해서도 이런 저런 생각을 하게 되지요.

"죽으면 나는 어디로 갈까요?"

누군가 당신에게 '죽음'에 관해 묻는다면 당신은 어떤 대답을 하시 겠습니까?

평범한 사람이라면 누구나 죽음에 대한 질문이 부담스러울 것입니다. 죽음이라는 단어는 왠지 너무 어렵고 무겁게 느껴지기 때문입니다. 하지만 저는 전문가만이 죽음이나 사후 세계에 대해 답할 수 있다고 생각하지 않습니다. 누구나 답할 수 있습니다. 물론 그러기 위해서는 평소 삶과 죽음에 대한 사색이 충분히 있어야합니다. 그래야 다른 이에게 자신의 생사관에 대해 분명한 생각을 갖고 표현할 수 있습니다.

그런데 여기서 중요한 것은 '어떤 대답을 하느냐'가 아닙니다. 죽음에 대해 이야기할 때 중요한 것은 상대방에게 자신의 생각을 강요해서는 안 된다는 것입니다. 특히 지금 그가 고통 속에서 괴로워하고 있는 상태라면 더더욱 그의 생사관을 긍정해주어야 합니다. 그가 어떤 말을 하더라도 '그렇게 생각할 수도 있겠구나' 하고 받아들여주어야 합니다. 그렇게 균형감 있게 대화를 나누어보세요. 그것만으로도 마음의 고통을 덜어주고 힘을 실어줄 수 있습니다.

'죽음'에 대해 누구보다 많은 고민을 하는 사람은 아마 시한부 선고를 받은 말기 환자들일 것입니다. 그런데 실제로 죽음을 앞둔 환자들과 이야기를 나누다 보면 죽음에 대한 질문보다 삶에 대한 질문을 받을 때가 훨씬 많습니다.

"나는 왜 태어났을까요?"
"왜 사는 걸까요?"
"내 인생에 어떤 가치가 있을까요?"

존재의 의미와 목적을 묻는 질문입니다. 고통에 시달리고 있을 때는 이런 질문들의 밑바닥에 부정적인 생각이 깔려 있기 마련입니다.

"나는 왜 태어났을까요?" (태어나지 않았더라면 좋았을 것을)
"왜 사는 걸까요?" (사는 의미가 없어요)
"내 인생에 어떤 가치가 있을까요?" (내 인생은 가치가 없어요)

말기 환자가 아니어도 마찬가지입니다. 현대인의 마음속에 잠재되어 있다가 위기가 닥쳤을 때 겉으로 드러나는 것은 죽음에 대한 질문보다는 삶에 대한 질문입니다. 꼭 위기 상황이 아니더라도 살면서 누구나 이따금 존재의 의미를 생각합니다.

"나는 왜 사는 걸까요?"

누군가 당신에게 이런 질문을 한다면 당신은 어떤 답을 하시겠습니까?

저는 이렇게 권하고 싶습니다. 답을 하지 말고 잠시 기다리시라고요. 상대방이 '삶의 의미'를 물어올 때는 그 사람의 '삶'에 대해 먼저 알아야 합니다. 내가 생각하는 삶의 의미와 그가 생각하는 삶의 의미는 다를 수밖에 없습니다. 그 사람에게 있어 삶의 의미는 그가 살아온 삶과 밀접하게 관련이 있기 때문입니다.

그럼 어떻게 하면 그 사람의 삶에 대해 알 수 있을까요?
네, 그래서 경청이 필요합니다. 잠시 말을 멈추고 귀를 기울이면 그 사람이 살아온 삶의 이야기가 잔잔히 시작될 것입니다.

지금 우리에게
경청이 중요한 이유

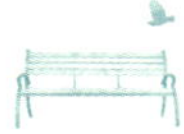

정신과 의사이자 심리학자인 빅터 프랭클은 제2차 세계대전 때 강제수용소에 끌려가게 되었습니다. 수감 생활을 이어가던 어느 날 저녁, 고통과 절망에 빠진 동료들에게 그는 이렇게 이야기했습니다. 《밤과 안개》라는 책의 한 구절입니다.

당신이 경험한 것은 세상 어떤 힘으로도 빼앗을 수 없다.

우리가 과거의 충실한 생활, 풍부한 경험 안에서 실현하고

마음속에 보물처럼 간직하고 있는 것은

어느 누구도 빼앗지 못한다.

그리고 우리는 마지막에 삶을 의미로 가득 채울

수많은 가능성에 대해 이야기했다.

나는 동료들에게 이렇게 말했다.

어떤 상황에서도 인간의 삶에는 의미가 있고

괴로움과 죽음마저도 삶의 무한한 의미 안에 포함된다고.

빅터 프랭클이 전하고자 하는 메시지는 '어떤 상황에서도 인간의 삶에는 의미가 있고'라는 문장에 잘 나타나 있습니다. 또 다른 저서에서 그는 《죽는 순간》의 저자인 엘리자베스 퀴블러 로스에게 아래와 같이 썼습니다.

만약 환자에게서 자기 인생의 의미는 무엇이냐는 질문을 받으면

뭐라고 대답해야 할까?

의사가 일반론으로 대답할 수 있으리라고는 생각지 않는다.

인생의 의미는 사람에 따라 다르고 시시각각 변하기 때문이다.

중요한 것은 일반론적인 인생의 의미가 아니라

지금 현재 그 사람의 인생에 존재하는 의미다.

인생에서 조우하게 되는 다양한 상황들은 우리가 해결할 수 없는 문제와 시련을 안겨주곤 합니다.

그런데 저는 가끔 이런 생각이 듭니다. '인생의 의미는 무엇일까?'

라는 질문은 방향이 거꾸로 된 것이 아닐까요? 내가 던지고 있는 질문이 아니라, 지금 이 순간 인생이 나에게 묻고 있는 질문인 것은 아닐까요?

생각의 방향을 한번 바꾸어 보세요. 인생이 우리 각자에게 삶의 이유를 묻는다면 당신은 인생에게 어떤 말을 해주겠습니까? 자신의 인생을 온전히 받아들여 그 어떤 것도 회피하지 않고 책임감 있게 마주한 사람만이 제대로 대답을 할 수 있을 것입니다.

결국 제가 말씀드리고 싶은 것은 이것입니다.

"내 삶의 의미는 무엇일까요?"라는 질문을 받았을 때 "당신 인생의 의미는 이것입니다"라고 명쾌하게 대답해주는 것은 별 의미가 없습니다. 빅터 프랭클의 말처럼 어떤 상황에서도 인간의 삶에는 의미가 있겠지만, 중요한 것은 그 '의미'라는 것은 사람마다 다르다는 사실입니다. 각자 생각하는 삶의 의미는 다를 수밖에 없습니다. 삶의 의미를 찾지 못해 괴로워하는 사람에게 힘을 주고 싶을 때 해야 할 일은 '올바른 대답을 해주는 것'이 아닙니다. 지금 거기에 있는 그것, 현재 그 사람의 인생에 존재하는 어떤 의미를 그 사람 스스로 발견할 수 있도록 도와주는 것입니다. 그럴듯하고 멋스럽게 대답을 잘 하는 것은 아무런 소용이 없습니다. 아마 그에게는 당신의 이야기가 잘 들리지도 않을 겁니다.

다시 원점으로 돌아가 보겠습니다.

만약 여러분이 고통스러워하는 누군가에게서 "나는 왜 살고 있을까요?"라는 질문을 받는다면 어떻게 대답하겠습니까? 또는 "그만 끝내고 싶어요", "삶의 의미를 찾을 수가 없어요", "나는 어떻게 하면 좋을까요?" 이런 질문을 받았다면 어떻게 하시겠습니까?

"그런 말씀 하지 마세요"라고 하시겠습니까?

"당신의 삶에는 특별한 의미가 있습니다"라고 하시겠습니까?

그 답은, 그 분이 직접 하도록 도와주어야 합니다.

그러기 위해서는 그의 이야기를 정성껏 들어주어야 합니다.

그래서 경청이 중요한 것입니다.

듣기에도 기술이 필요해

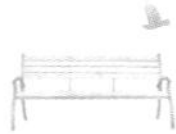

저는 매일매일 의료 현장에서 '경청'을 실천하고 있습니다. 제가 환자들과 대화하는 것은 단순한 수다나 잡담이 아닙니다. 그것은 전문적인 치료의 과정입니다. 환자의 이야기에 귀를 기울여주는 것만으로도 그들의 몸과 마음이 더 건강해질 수 있다는 것을 알고 있기 때문에, 의사로서 사명감과 책임감을 가지고 최선을 다해 경청을 하고 있습니다. 그런데 경청의 중요성에 대해 이야기할 때면 종종 이런 말씀을 하는 분들이 있습니다.

"아니, 경청하는 게 뭐 어려운가요? 성심성의껏 이야기를 들어주면 되는 것 아닌가요?"

"전 잘 할 수 있을 것 같아요. 말하는 건 어려워도 듣는 건 자신 있거든요!"

결론부터 말하겠습니다. 경청하는 일은 결코 쉽지 않습니다. 경청은 아무나 할 수 있는 것이 아닙니다. '말하기'를 잘 하는 데도 노하우가 있듯이 '듣기'를 잘 하는 데도 노하우가 있습니다.

상대방을 위하는 마음이 있다고 해서 누구나 그의 이야기를 경청할 수 있는 것은 아닙니다. 경청을 잘 하려면 '마음가짐'과 더불어 '기술'이 필요합니다. 경청은 단순한 듣기가 아닙니다. 상대방이 쏟아내는 말을 무조건 다 들어주는 것이 아니라, 그의 가슴속 깊은 이야기를 끌어내고 그것이 심신의 치유로 이어질 수 있도록 하는 치료적 대화입니다. 그러니 막연하게 '귀만 활짝 열어 놓으면 되겠지~' 하고 생각하면 오산입니다.

그리고 내가 상대방의 이야기를 잘 들어주려면, 그가 나에게 이야기를 잘 풀어놓는 게 우선이겠지요. 내게 아무런 말도 하지 않는데 내가 그의 이야기를 경청할 수는 없으니까요. 하지만 아마 다들 아시리라 생각합니다. 우리는 아무에게나 자신의 이야기를 선뜻 풀어놓지 않는다는 것을. 그렇기 때문에 경청을 잘 하려면 상대방과 원활하게 소통하며 그의 이야기를 끌어내는 것이 중요합니다.

제가 일하고 있는 완화의료팀은 경청의 달인들이 모인 집단입니다. 처음 만난 환자와의 대화에서도 그 사람의 인생 이야기가 술술 나옵니다. 어떤 환자는 입원한 지 몇 달이 지나도 자기 이야기를 전혀 하지 않기로 유명한 사람이었는데, 저희 팀과는 만나자마자 말문이 트였습니다. 저희가 사교성이 좋거나 인격적으로 훌륭해서 가 아닙니다. 경청을 위한 마음가짐과 기술을 충분히 숙지하고 능숙하게 구사하기 때문입니다.

앞에서 말씀드렸듯 누구나 경청을 할 수 있는 것은 아닙니다. 하지만 기본적인 지침을 이해하고 경험을 통해 자기화하는 과정을 거친다면, 누구나 경청을 할 수 있습니다. 경청의 방법들은 커뮤니케이션 테크닉과 맞닿아 있는 부분들이 많습니다. 말의 톤, 속도, 말투, 앉는 위치, 자세, 시선, 제스처, 옷차림 등 소소한 많은 것들이 경청의 기술이 됩니다.

경청에 익숙해지면 상대방의 고통을 치유할 수 있는 것은 물론이고 일상의 커뮤니케이션에도 많은 도움이 될 것입니다. 그럼 우선 가장 쉬운 기술들을 몇 가지 소개해드릴까 합니다.

사람들은 왜
내 맘을 몰라줄까

간호사 A씨에게는 환자들의 컴플레인이 자주 들어옵니다. 오늘도 환자 B씨로부터 담당 간호사를 바꿔달라는 불만이 접수되었습니다. 사실 중견 간호사인 A씨는 머리가 좋고 일을 신속, 정확하게 해서 의사들의 신뢰가 두텁습니다. 의사에게 뒤지지 않을 만큼 의학 지식도 탄탄해서 일 잘하는 간호사라는 평을 듣기도 합니다.

그러나 어찌된 일인지 환자들의 생각은 다른 모양입니다. 그렇다고 그녀가 불친절하거나 퉁명스러운 것도 아닌데 말이지요. 분명 그녀는 나름대로 최선을 다하고 있습니다. 하지만 이렇게 컴플레인이 들어올 때마다 힘이 빠지고 울적해집니다.

"왜 늘 나만 가지고 그래…."

그러나 제게는 원인이 보였습니다.

일단 오늘 간호사 A씨와 환자 B씨가 나눈 대화를 한번 들여다볼까요?

△월 △일 아침 간호사 A씨와 환자 B씨의 대화

간호사 A : B씨, 안녕하세요!

환자 B : 아… 안녕하세요?

간호사 A : 오늘도 날씨가 좋네요. 몸은 좀 어떠세요?

환자 B : 음… 뭐 보통인 것 같아요.

간호사 A : 그러세요? 오늘 검사 있는데 들으셨죠?

환자 B : 네, 듣기는 했어요.

간호사 A : 알고 계셨어요? 그럼 혹시 모르는 것이 있으면 물어보세요. 그럼.

환자 B : 아… 저… 검사가 몇 시부터이지요?

간호사 A : 네? 못 들으셨어요? 검사는 중요한 일이니 시간과 내용을 선생님께 잘 들어두셔야 해요. 병과 제대로 마주하지 않으면 안 돼요.

환자 B : 아, 뭐… 그렇지요.

간호사 A : 정신 바짝 차리세요. 검사는 10시부터입니다. 그럼.

오고 간 말들 자체만 보면 위와 같습니다. 살갑고 다정한 대화는 아니지만 그렇다고 해서 특별히 나쁜 상황도 아닙니다. 하지만 대화는 문장과 문장만으로 완성되는 것이 아니지요. 당시 그 자리에 있었던 제가 느꼈던 상황은 이랬습니다.

△월 △일 아침, 저는 환자 B씨와 같은 병실을 쓰는 C씨를 검진하며 앞으로 진행될 치료에 관해 조용히 이야기를 나누고 있었습니다. 그때 간호사 A씨가 발소리를 내며 성큼성큼 들어오더니, 갑자기 B씨의 침대 커튼을 확 걷고 "B씨, 안녕하세요!" 하고 하이 톤으로 인사합니다.

목소리가 어찌나 크고 빠른지, 아침 일과를 천천히 시작해야 하는 중증환자 병동과는 어울리지 않았습니다. C씨도 순간 간호사 쪽을 보며 미간을 찡그립니다.

B씨는 아직 잠들어 있었습니다. B씨는 제 동료 의사의 진료를 받는 환자인데, 그 의사는 어제 그녀에게 암 선고를 했다고 합니다. B씨는 아마 어제 잠을 이루지 못했을 겁니다.

"아… 안녕하세요?"

가라앉은 목소리. 무거운 느낌.

"오늘도 날씨가 좋네요. 몸은 좀 어떠세요?"

이번에도 빠른 말투에 높은 톤. 원래 성량이 있으니 어쩔 수 없지만 조금만 목소리를 낮춰주면 좋겠다는 생각이 들었습니다. 목소리가 너무 쩌렁쩌렁 울려서 이쪽에서 조용하게 나누던 대화에도 방해가 되었으니까요. 간호사 A씨는 팔짱을 끼고 B씨를 내려다봅니다. 눈빛이 그다지 부드럽지 않아 보이네요.

"음… 뭐 보통인 것 같아요."

"그러세요? 오늘 검사 있는데 들으셨죠?"

정중한 말투이지만 "들으셨죠?"의 어감이 좀 딱딱하게 느껴집니다. 갑자기 잠에서 깨어 딱딱한 심문조의 말을 듣게 된 B씨. 신경이 좀 거슬린 듯합니다.

"네, 듣기는 했어요."

환자에게서 '아침부터 뭐야?'라는 분위기가 느껴지자 A씨는 이를 의욕 부족으로 받아들입니다.

"알고 계셨어요? 그럼 혹시 모르는 것이 있으면 물어보세요. 그럼."

모르는 게 있으면 물어보라는 말 자체는 친절하지만 말투는 전혀 그렇지 않습니다. 여전히 빠른 어조에 높은 톤입니다. 어서 해치우고 가겠다는 듯한 태도로 몸을 반쯤 돌려 나가려던 A씨에게 B씨가 묻습니다.

"아… 저… 검사가 몇 시부터이지요?"

그녀는 그것보라는 식으로, 이번에는 두 손을 허리에 올리고 아이를 야단치는 엄마 같은 자세를 취합니다.

"네? 못 들으셨어요? 검사는 중요한 일이니 시간과 내용을 선생님
께 잘 들어두셔야 해요. 병과 제대로 마주하지 않으면 안 돼요."
B씨의 얼굴에서 핏기가 사라집니다. 낮게 쥐어짜는 듯한 목소리
로 간신히 대답을 합니다.
"아, 뭐… 그렇지요."
"정신 바짝 차리세요. 검사는 10시부터입니다. 그럼."
단숨에 대답한 A씨는 성큼성큼 사라졌고 B씨는 얼굴이 벌게졌습
니다. B씨가 그녀를 담당에서 제외시켜달라고 부탁한 것은 점심
무렵이었습니다.

자, 이 대화에서 어떤 것들을 느끼고 계십니까? A씨를 보며 "쯧
쯧…" 하고 계신가요? 아니면 왠지 뜨끔 하시나요?
늘 입버릇처럼 "사람들이 내 맘을 몰라준다", "한다고 하는데 나만
매번 손해를 본다"고 말하는 사람들이 있습니다. 하지만 그 원인
을 자신은 좀처럼 알아차리지 못합니다. 아마 A씨도 이런 유형의
사람에 속할 것입니다.
일 잘하는 간호사 A씨가 환자들에게 환영받지 못하는 이유. 여러
분은 짐작이 가시나요?

마음을 전하는 말의 속도

'메라비언의 법칙The Law of Mehrabian'이란 것이 있습니다. 미국의 심리학자 앨버트 메라비언Albert Mehrabian이 커뮤니케이션의 주요 요소에 관해 연구한 것입니다.

그에 따르면 사람이 상대방에게 영향을 주는 요소에서 이야기의 내용 같은 '언어 정보'는 7%에 지나지 않는다고 합니다. 그 외에 말투나 말의 속도 같은 '청각 정보'가 38%, 인상 등의 '시각 정보'가 55%를 차지한다고 합니다. 즉 시각 > 청각 > 언어의 순서로 상대방에게 전달이 되는 것입니다.

이것을 살짝만 더 전문적으로 설명해볼까요? 메시지에는 언어적 메시지, 준언어적 메시지, 비언어적 메시지가 있습니다. 우리가 생각하는 일반적인 '말', 즉 언어 정보는 문자 그대로 언어적 메시지입니다. 목소리의 톤이나 크기, 속도, 억양 등 청각 정보는 준언어적 메시지에 속합니다. 그리고 외양 등 시각 정보는 비언어적 메시지이지요.

메라비언의 법칙에 비추어보면 커뮤니케이션에서 가장 큰 영향력을 미치는 것은 시각 정보, 즉 비언어적 메시지입니다. 다음으로 영향력이 큰 것이 청각 정보인 준언어적 메시지입니다. 이 두 요소가 대부분을 차지하고 남은 부분에 언어 정보, 즉 언어적 메시지가 들어갑니다.

커뮤니케이션에서 대화의 내용이 이렇게 적은 비중을 차지한다니, 놀라는 분들도 상당하리라 생각합니다. 하지만 이렇게 한번 생각해보세요.

자신감 넘치는 태도와 매력적인 목소리로 말하는 의사가 있습니다. 그리고 평범한 태도와 밋밋한 목소리로 말하는 의사가 있습니다. 이럴 경우, 후자가 아무리 바른 말을 해도 보통은 전자의 의견이 주로 받아들여집니다. 전자가 좀 더 설득력 있는 커뮤니케이션을 할 수 있기 때문이지요. 물론 '설득력'과 '실력'이 반드시 일치하는 것은 아닙니다.

조직에서 일하는 사람이라면 아마 아실 거예요. 실력은 변변치 못해도 설득을 잘 하는 사람, 즉 커뮤니케이션 수완이 좋은 사람이 리더가 되는 경우가 꽤 있다는 것을. 그 원인을 바로 여기에서 찾을 수 있습니다. 이야기의 내용보다는 시각이나 청각, 즉 준언어적 메시지나 비언어적 메시지가 상대방에게 더 큰 영향을 미치기 때문입니다.

앞서 얘기한 간호사 A씨를 다시 생각해볼까요? 언어적 메시지에도 물론 아쉬운 부분이 있기는 하지만, 그보다 더 심각한 건 준언어적 메시지와 비언어적 메시지입니다.

A씨의 말과 행동에서는 커뮤니케이션을 잘 하기 위해 노력한 흔적이 그다지 보이지 않습니다. 그러니 환자들로부터 좋은 점수를 받으려야 받을 수가 없지요. 하지만 그녀는 그녀대로 속상할 겁니다. "왜 나만 늘…" 이러면서, 최선을 다해 일하는 자신을 알아봐주지 않는 사람들에게 상처를 받습니다. 본인이 문제의 원인을 모르고 있기 때문입니다. 자신을 객관적으로 파악하지 못하고 있으니 개선하는 일도 쉽지 않지요.

게다가 경력이 많아지면 옆에서 주의를 주거나 조언을 해주는 사람도 없습니다. 간호사 A씨도 어느덧 중견이 되었으니 "당신은 목소리가 너무 높아요”라거나 “말투가 너무 빨라요”라고 지적해주는 사람이 곁에 없을 겁니다. 그러니 변화하기는 더더욱 어려운 일이지요. 비단 A씨만 겪는 일이 아닙니다. 직장에서 어느 정도 연차가 생긴 사람이라면 누구에게나 있을 수 있는 일입니다.

“한다고 하는데 왜 몰라주지?”

“그런 뜻이 아닌데 왜 저렇게 받아들이지?”

“왜 늘 나만 손해를 보는 것 같지?”

이런 생각을 자주 한다면 스스로 자신을 돌아보고 개선하는 수밖에 없습니다.

신체적으로든 심적으로든 어떤 고통 속에서 힘들어하고 있는 사람과 대화를 나눌 때는 우선 ‘말의 속도와 톤’에 유의하세요. 일반적으로 말할 때보다 조금 낮은 톤으로 차분하게 말하는 것이 중요합니다. 의료 현장에서 오랫동안 지켜본 결과, 목소리가 너무 높거나 또는 너무 낮거나, 말투가 너무 빠르면 심신이 힘든 상태인 사람에게 불편함을 주게 됩니다. 심지어 ‘자신을 무시한다’는 오해를 사기도 쉽습니다. 단, 천천히 말하되 우물거리지 말고 차근차근 분명하게 발음해야 합니다.

상대방의 나이가 많은 경우에는 내가 하는 말이 잘 들리지 않을 수 있으니 “이 정도 목소리면 잘 들리세요?”라고 확인해보는 것도 좋습니다. 그런데 이런 말을 너무 무뚝뚝하게 하면 상대방을 낮춰 보는 것처럼 들려 자존심에 상처를 줄 수 있습니다. 배려심이 느껴지도록 가능한 한 조심스럽게 물어보는 것이 좋습니다.

처음에는 좀 어색할 수 있지만 몇 번 해보면 금세 익숙해질 것입니다. 커뮤니케이션이 어려운 이유는 다른 사람에게 메시지를 보낼 때 언어만 사용하는 것이 아니기 때문입니다. 좋든 싫든 사람은 언어 이외의 것에서 많은 영향을 받습니다. 이 사실을 인정하면 사람과 사람 사이의 소통이 한결 쉬워집니다.

상처 주지 않는 말투

경청을 하기 위해서는 경청에 맞는 '말투'를 구사하는 것도 중요합니다. 지금쯤 이런 생각을 하는 분들도 계실 거예요.
'나한테는 나만의 말투가 있는데, 경청을 하기 위해 굳이 나만의 특성을 바꿔야 하나?'

많은 환자들을 대하는 의료진 중에도 이렇게 생각하는 사람을 자주 볼 수 있습니다. 물론 말투도 분명 나만의 개성이 됩니다. 하지만 힘들어하는 누군가와 이야기를 나눌 때는 그에 어울리는 '준언어적 메시지'를 선택하는 것이 지혜롭습니다. 그렇지 않으면 도움을 주거나 힘이 되기는커녕 오히려 상대에게 악영향을 줄 수 있으니까요.

평소 친구와 대화하는 경우라면 본래 말투대로 편하게 이야기하면 됩니다. 하지만 지금 대화의 상대가 고통에 시달리고 있는 상태라면, 아무렇지 않게 툭 던진 말 한마디가 칼처럼 느껴질 수도 있습니다.

말투는 되도록 둥글리듯 부드럽게 하세요. 그래야 나의 말이 상대방에게 칼이 되지 않을 수 있습니다. 그리고 어떻게 말해야 상대방에게 부드럽게 메시지를 전할 수 있을지, 저마다 자신이 가진 말투에 맞게 연구해야 합니다.

그때그때 상황에 맞게 준언어적 메시지를 전해보세요. 실제로 경험해보면, 언어로 전하는 것보다 준언어적 메시지로 의도를 전하는 것이 훨씬 효과적이고 따뜻한 방식이라는 것을 알게 됩니다.

말하지 않고
말하는 방법

커뮤니케이션을 할 때 가장 영향력이 큰 것이 '비언어적 메시지' 입니다. 의도와 다르게 오해를 사 일상생활에서 손해를 자주 보는 사람은 비언어적 메시지를 잘 전달하지 못하는 사람인 경우가 많습니다. 앞의 간호사 A씨가 바로 그런 케이스이지요.

"아니, 내용보다 겉모습이 더 중요하다는 말인가요?"

이렇게 거부감을 느끼는 분들도 많을 거예요. "당연히 겉모습보단 진심이 더 중요하지요~"라고 얘기 드리고 싶은 마음이 굴뚝같지만, 어쩔 수 없습니다. 현장에서 환자들을 만날 때마다 절실하게 느낍니다. 소통을 할 땐 내용보다 겉모습이 훨씬 중요하다는 사실을요.

고통 받는 이와 마주할 때는 메시지를 보내는 방식이 중요합니다. 잘못된 방법으로 메시지를 보내면 서로 공유하고자 하는 정보가 줄어들기 때문입니다.

'저 사람은 내 이야기를 잘 들어주지 않을 것 같다'는 인상을 주게 되면 "어차피 알아주지 않을 거야!"라면서 아예 소통을 시작조차 하지 않게 됩니다. 간호사 A씨의 경우, 아래와 같은 부분에서 잘못된 방법으로 메시지를 보냈습니다.

첫째, 성큼성큼 큰 발소리를 내 주위 사람들을 놀라게 했습니다.
둘째, 닫혀 있던 커튼을 갑자기 열어 젖혔습니다.
셋째, 팔짱을 끼고 내려다보듯 B씨를 바라보았습니다.
넷째, 시선이 부드럽지 않았습니다.
다섯째, 두 손을 허리에 대고 아이를 꾸짖는 엄마 같은 포즈를 취했습니다.
여섯째, 대화가 끝나지 않았는데 몸을 돌려 나가려 했습니다.

본인은 나쁜 의도가 없었을 것입니다. 나쁜 의도는커녕 그녀는 간호사로서 열과 성을 다해 B씨를 돌보고 있었을 것입니다. 하지만 그녀의 무의식적인 행동들이 B씨의 마음을 닫게 만들었습니다. 예를 들어, 팔짱을 끼는 것은 나와 상대 간에 거리가 있다는 것을 보여줄 때 취하는 자세입니다. 또한 팔짱을 끼거나 허리에 손을 얹으면 위압적으로 보일 수 있습니다. 이야기 도중에 몸을 돌려 나가려고 하는 것, 상대를 내려다보듯 바라보는 것은 경청하는 자세와는 거리가 멉니다.

물리적 거리, 앉는 위치, 몸의 방향이나 자세, 시선, 표정 등이 모두 비언어적 메시지가 됩니다. 경청하는 대화에서 기본적으로 갖춰야 할 비언어적 메시지는 다음과 같습니다.

가장 기본은 눈이나 얼굴을 보며 이야기하는 것입니다. 이때 시선은 되도록 같은 높이를 유지해야 합니다. 내가 상대방보다 조금 높은 위치에 있을 경우에는 시선이 가능한 한 나란히 되도록 몸을 앞으로 조금 기울이는 것이 좋습니다. 서로 높이를 비슷하게 맞추기 어려운 경우라면, 가능하면 내가 상대보다 아래쪽에 앉는 것이 좋습니다. 즉 내려다보는 것보다는 올려다보는 것이 좋다는 뜻이지요.

대화를 나눌 때 지속적으로 상대의 얼굴을 바라보아야 하지만, 때로는 시선이 잠시 다른 곳을 향해도 괜찮습니다. 너무 정면으로 응시하면 위압적인 느낌을 줄 수 있습니다.

또 시선이 너무 강하면 상대를 꿰뚫어보는 것처럼 느껴질 수 있습니다. 심신이 위축되어 있을 때는 강한 시선을 부담스러워하는 분들이 의외로 많습니다. 그래서 저는 이야기 중간중간 고개를 끄덕이면서 눈동자를 깜빡이다가 한동안 눈을 지그시 감기도 합니다. 이야기를 잘 듣고 있다는 표시이기도 하고 시선이 지나치게 강해지는 것을 막는 효과도 있습니다.

대화 중에 '당신의 말에 귀 기울이고 있다'는 사인도 지속적으로 보내주어야 합니다. 특별할 것 없습니다. 적당히 고개를 끄덕이면서 "네, 네" 하는 짧은 대답을 덧붙이는 정도면 충분합니다.

경청할 때 팔짱을 끼거나 두 손을 허리에 대거나 뒷짐을 지는 것은 절대 금물입니다. 상대방에게 위압감을 주는 대표적인 포즈이니까요. 몸에 힘을 빼고 두 손은 아랫배 위에서 가볍게 맞잡거나 두 팔을 자연스럽게 늘어뜨리는 것이 좋습니다. 자신에게 맞는 편안한 자세를 선택하면 됩니다.

경청을 위한 표정과 제스처

'화안애어 和顏愛語'라는 말이 있습니다. 따뜻한 표정을 짓고 친애하는 마음을 담아 말하는 것을 의미합니다. 그런데 경청의 기술 측면에서 이야기하자면, 얼굴에 따뜻한 표정을 담는 것이 우선이고 마음을 담아 말을 하는 것은 그 다음입니다. 표정은 대화에서 놓치지 말아야 할 비언어적 메시지 중 하나이니까요.

대화를 할 때 따뜻한 표정을 지으면서 적당히 자연스러운 제스처를 취해주면 분위기는 더욱 부드러워집니다. 어떤 제스처를 취해야 할지 어색하고 막막하다면 '미러링'을 활용해보세요.

미러링Mirroring은 상당히 널리 알려진 대화의 기법 중 하나입니다.

마치 거울에 비춘 듯 상대의 동작을 따라 하는 것입니다. 친밀감과 공감을 전하는 데에 좋은 방법입니다(물론 과도하게 기계적으로 행동을 따라 하는 것은 대화의 분위기를 깰 수 있으니 주의해야 합니다).

저도 환자와 이야기를 나눌 때 무의식적으로 미러링을 하곤 합니다. 환자가 머리를 긁으면 제 머리도 왠지 간지러운 느낌이 들어 따라 긁거나, 환자가 코를 만지면 어찌된 일인지 저도 코가 근질근질해져 따라 만지고는 합니다. 그러면서 '아, 이런 것이 미러링이구나!' 하고 생각합니다.

미러링은 대화 중에 자연스럽게 일어나기 때문에 사이가 좋은 관계일수록 빈번하게 나타납니다. 그리고 미러링을 해보면 확실히 대화의 분위기가 부드러워지고 친밀감이 느껴집니다. 여러분도 한번 확인해보세요.

물론 미러링은 대화의 기술이자 일종의 형식일 뿐입니다.

하지만 마음과 기술, 혹은 마음과 형식 모두 중요하답니다. 커뮤니케이션에 능숙하지 않은 사람일수록 대화의 기술이나 형식을 간과하는 경우가 많습니다(간호사 A씨처럼). 업무 자체는 열심히 하는데 어투나 표정 등은 허투루 넘어가는 것이지요. 그 때문에 성심껏 최선을 다했는데도 인정받지 못하는 경우가 많아 오히려 본인이 더 상처를 받곤 합니다.

자신이 그런 케이스라 느껴진다면 우선 표정부터 조금 부드럽게 바꾸어 보세요. 고통 받는 이들을 아직 많이 접해보지 못한 '경청 초보자' 역시 표정부터 연습해보시길 권해드립니다.

익숙하지 않을 때는 기술과 형식에 우선 의지하면서 경험을 쌓아 가는 것이 좋습니다. 그러는 가운데 자신의 스타일이 갖추어지고, 자연스럽게 상대의 반응을 이해할 수 있게 될 뿐 아니라 상대의 이야기를 끌어내는 데도 능숙해집니다. 그러다 보면 상대방도 내 말에 귀를 기울여주게 되지요.

표정과 관련해서 또 하나 덧붙이고 싶은 것이 있습니다.

'사람이 나이가 들면 자신의 얼굴에 책임을 져야 한다'는 말이 있 지요. 저는 환자를 진료하면서 수많은 이들의 얼굴을 보아왔습니 다. 참 신기한 일인데, 정말로 사람이 살아온 인생과 지금의 마음 상태가 얼굴에 그대로 드러나는 것 같습니다. 인성이 괴팍한 사람 은 인상도 괴팍합니다.

하지만 사고방식이나 인생관이 바뀌면 얼굴도 달라집니다. 인생 의 말기에 치료적 대화를 통해 고통에서 벗어난 분들의 밝아진 얼 굴을 볼 때마다 저는 온몸으로 깨닫습니다.

"얼굴도 분위기도 마음에 따라 바뀌는 것이구나!"

경청의 경험이 쌓이다 보면, 경청을 하는 사람 자신의 표정과 분위기 역시 자연스럽게 변화하는 게 느껴질 것입니다. 따스한 표정을 짓기 위해 노력하다 보면 자신의 전체적인 분위기도 어느새 따스하게 변화하는 것을 알 수 있습니다.

그러니 소위 까칠한 분위기를 풍기는 분이라면, 혹은 차가워 보이는 인상 때문에 고민인 분이라면 경청의 기술을 실천해보세요. 표정부터 조금 밝게 바꿔보는 것이 어떨까요? 평소의 표정이 바뀌게 되면 분위기나 인상은 물론이고 사고방식에도 아마 변화가 올 것입니다. 때로는 외면이 내면을 변화시키기도 하니까요.

완화의료 전문의로서 경청을 실천하고 있는 저 역시 처음에는 환자들을 대하는 것이 어려웠습니다. 내적으로 외적으로 모두 고통받고 있는 그들에게 제가 제대로 도움을 줄 수 있을지, 혹시 제가 놓친 소소한 부분들로 인해 그들이 더욱 고통 받게 되지는 않을지 늘 부담스럽고 조심스러웠습니다. 하지만 경청의 기술과 형식에 익숙해진 후 그들과 대면하는 것이 두렵지 않게 되었습니다.

이렇게 책을 읽고 계신 독자라면, 또 이 책을 끝까지 읽어나갈 독자라면, 누군가에게 힘이 되고자 하는 마음가짐은 충분히 갖고 계실 것이라 생각합니다. 거기에 기술까지 더해지면 더 이상 두려울

게 없을 것입니다. 그러니 오로지 진심에만 집중하면서 기술과 형식의 중요성을 가볍게 흘려버리지는 않으셨으면 좋겠습니다. 작은 표정부터 사소한 제스처 하나까지 모두 대화에 포함되는 요소입니다.

단순히 귀를 열어놓는 것이 경청의 기술이 아닙니다. 상대방이 편안하고 자연스럽게 이야기를 풀어놓을 수 있도록 하는 것이 바로 진정한 경청의 기술입니다.

귀를 기울이는 데
필요한 시간

앞서 이야기했던 에피소드의 환자 B씨. 그녀의 담당 간호사는 A씨에서 E씨로 교체되었습니다. 그럼 간호사 E씨는 어떤지 한번 살펴볼까요?

며칠 전과 마찬가지로 저는 환자 B씨가 있는 병실에서 환자 C씨와 퇴원에 관해 조용히 대화를 나누고 있었습니다. 그때 간호사 E씨가 조심스러운 발걸음으로 다가왔습니다.

"B씨, 일어나셨어요? 들어가도 될까요?"
"아, 벌써 아침이네요."
"커튼 걷어드려도 괜찮을까요?"

"아, 네. 괜찮습니다."

"B씨, 좋은 아침입니다."

3년 차 간호사인 E씨는 본래 목소리가 시원시원한 여성이지만 오늘은 평소보다 한 옥타브 낮고 차분한 목소리로 말을 하고 있습니다. B씨는 아직 잠이 덜 깬 듯합니다. 어제 담당의사가 "앞으로 치료를 진행하려면 마음을 단단히 먹어야 한다"는 이야기를 했다고 합니다. 그래서인지 어제도 역시 잠을 이루지 못한 모양입니다.

"어제는 잘 주무셨어요?"

침대 바로 옆까지 다가가 몸을 기울인 간호사 E씨가 묻습니다. 걱정스러운 표정입니다.

"음, 뭐… 그럭저럭요."

"그러세요? 아직 검사 시간이 조금 남았으니 그때까지는 느긋하게 계셔도 괜찮아요."

부드러운 미소에 마음까지 편안해지는 말투.

"아, 오늘 검사가 있지요?"

"네. 11시부터 검사 들어가실 거예요. 아직 시간이 좀 있으니까 편히 계셔도 괜찮아요."

"아이고, 검사가 있는 줄도 모르고 제가 능장을 부렸네요. 죄송합니다."

"병원에 계시다 보면 검사가 하도 많아서 일일이 기억하기가 어려우실 거예요. 의사 선생님께 어제 검사 결과는 들으셨어요?”

“들었어요…. 썩 좋은 결과가 아니라고.”

“아, 그러셨군요.”

E씨는 목소리를 더 낮추고 조금 걱정스러운 표정을 짓습니다.

“조금 맥이 풀리더라고요. 어제 결과를 듣고….”

“그러셨군요. 혹시 계속 마음이 불편하시면 선생님이나 저희들에게 말씀해주세요. 신경 쓰이는 일이 있으셔도 불편해 하지 마시고 말씀해주시고요.”

빙긋 웃음.

“아… 감사합니다.”

“아니에요. 그럼.”

인사를 한 뒤 간호사 E씨는 조용히 밖으로 나갑니다.

어떻습니까? 환자 B씨의 반응이 좀 달라졌지요? B씨는 ‘간호사 E씨라면 내 이야기를 들어줄 것 같다’고 느낀 것 같습니다.

일반적으로 나이가 많으면 경험도 많기 때문에 인간에 대한 이해도가 넓은 것이 사실입니다(사람은 실제로 경험하지 못한 것에 대해서는 잘 알지 못하는 법입니다). 하지만 경청의 기술이나 감성에 관해서만큼은 나이가 상관이 없습니다.

여기서 또 중요한 포인트를 하나 짚고 넘어갈까 합니다.

이야기를 나누는 물리적인 시간에 대한 부분입니다. 간호사 A씨와 E씨의 예를 한번 볼까요? 환자와 이야기를 나누는 시간 자체는 두 사람 간에 큰 차이가 없었습니다. 하지만 환자 B씨는 간호사 E씨에 대해서는 '내 이야기를 들어주었다'라고 생각한 반면, 지난번 간호사 A씨에 대해서는 '내 이야기를 전혀 듣지 않고 있다'고 느꼈습니다.

상대방이 말을 할 때 이야기를 듣는 사람이 무의식적으로 '나는 지금 바빠! 시간이 부족해' 하고 생각하고 있으면, 대화를 하면서 준언어적 메시지와 비언어적 메시지를 제대로 보내지 않게 됩니다. 그러면 상대방이 입을 열기 어려운 분위기가 자동적으로 조성될 수밖에 없어요. 그러니 대화가 제대로 진행이 되지 않지요. 그런데 이런 경우, 이야기를 듣는 사람은 듣는 사람대로 '상대방이 내게 이야기를 제대로 털어놓지 않는다'고 느끼게 됩니다. 그리고 이것을 시간 탓으로 돌리곤 합니다.

"시간이 없어서 이야기를 제대로 나누지 못했어!"

하지만 시간의 길이는 사실 중요하지 않습니다. 시간이 부족했다고 말하지 마세요. 정말로 너무 바빠서 이야기 나눌 시간이 아주

잠깐뿐이라면 '짧은 시간 내에 어떻게 하면 제대로 경청할 수 있을까?'를 고민해야 합니다.

시간이 넉넉하지 않을수록 "나는 지금 당신의 말을 경청하고 있습니다"라는 메시지를 명확히 보내는 것이 중요합니다. 그 방법은 다양하겠지요. 표정일 수도 있겠고 제스처일 수도 있겠고 가벼운 끄덕임이나 눈 깜박임일 수도 있겠고… 상황에 따라 자신에게 맞는 비언어적 메시지를 선택하면 됩니다.

경청하고자 하는 마음만 있다면 거기에 약간의 기술을 더해 진심을 전할 수 있습니다. 그리고 이를 통해 고통 받는 누군가에게 따스한 위로와 다시 일어설 수 있는 힘을 전할 수 있습니다.

그 과정에 1분, 1초라는 물리적인 시간은 그리 중요하지 않습니다. 마음 터놓고 이야기를 나눌 만큼 시간이 넉넉하지 않았다는 말은 핑계에 지나지 않습니다. 상대에게 귀를 기울이고자 하는 마음만 있다면 경청할 시간은 누구에게나 충분합니다. 그리고 아무리 짧은 시간이라 해도 그 마음이 또렷하게 전달됩니다. 이번 장에서 전할 이야기는 여기까지입니다.

귀를 기울이면
보이는 것들

커다란 빙산이 수면 위에 떠있습니다.
우리에게 보이는 것은 빙산의 윗부분뿐입니다.
수면 아래에 숨어있는 빙산의 아랫부분은
어떤 모습, 어떤 크기일까요?
가만히 귀를 기울이면
저 깊은 곳에 잠겨있는 어떤 이야기가 보입니다.

경청할 때의 애티튜드

일반적으로 말하는 '듣는 태도'에는 아래와 같은 다섯 가지 유형이 있습니다. 상대방의 이야기를 경청할 때에 취해야 할 태도는 다음 중 무엇일까요?

첫째, 평가하는 태도. 생각이나 행동을 판단하여 좋고 나쁨을 전달합니다.
둘째, 해석하는 태도. 고통의 원인을 일방적으로 해석하여 전달합니다.
셋째, 조사하는 태도. 사적인 사항이나 정보를 수집, 조사하려 노력합니다.

넷째, 지지하는 태도. 상대방의 생각이나 행동을 인정하고 지지하는 마음을 전달합니다.

다섯째, 공감하는 태도. 상대방의 입장에 서서 이해하려 노력하고 이를 전달합니다.

너무 쉬웠나요? 답은 넷째와 다섯째입니다.

상대방의 이야기를 경청할 때는 기본적으로 지지하는 태도와 공감하는 태도를 갖추어야 합니다. 뻔하고 간단해 보이지만, 사실 실제 대화에서는 그렇지 못한 경우가 훨씬 많습니다.

"밥이 잘 안 넘어가요. 그래서 먹기 쉬운 것 위주로 먹고 있어요."
"아주 잘 하고 계신 것 같은데요?"
이것은 지지하는 태도입니다.

"실연당한 지 3개월이나 지났는데 아직도 식욕이 없어요."
"그런 일을 겪으셨으니 그럴 수 있지요. 그 마음 저도 알아요."
이것은 공감하는 태도입니다.
그럼 이것을 다른 태도에 적용해볼까요?

"밥이 잘 안 넘어가요. 하지만 먹기 쉬운 것 위주로 먹고 있어요."

"그러면 안 돼요. 먹기 쉬운 것이 아니라 영양가가 있는 것을 드셔
야지요."
이것은 평가하는 태도라 할 수 있습니다.

"실연당한 지 3개월이나 지났는데 아직도 식욕이 없어요."
"실연 스트레스성 위염 아닐까요?"
해석하는 태도입니다. 의료인이 아닌 이상 상대방에게 큰 도움이
되지 않을 겁니다.

"실연당한 지 3개월이나 지났는데 아직도 식욕이 없어요."
"상대가 누구였어요? 연상? 연하? 몇 개월이나 사귀셨어요?"
조사하는 태도입니다. 마음 깊이 고통 받고 있는 그 사람은 당신
이 자신의 이야기에 귀 기울일 기회조차 주지 않을 겁니다.

경청을 할 때에는, 이야기하고 있는 이의 입장에 서서 지지하고
공감하는 마음에서부터 출발하세요. 이것은 동정이나 무조건적인
동조, 감정의 일체화와는 다릅니다. '이해'를 바탕으로 하는 열린
마음을 의미합니다.

"그렇게 생각하는 것도 당연하지요."

"그럴 만하다고 생각합니다."
"네네, 그렇지요."

자연스럽게 공감하고 지지하면서 마음과 귀를 열어주세요. 그러면 상대방은 '내 이야기를 성의껏 들어주고 있구나. 내가 이해받고 있구나' 하는 느낌을 받으면서 조금 더 깊고 긴 이야기를 풀어놓게 됩니다.

듣고 질문하고 공감하라

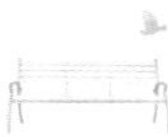

경청은 이야기를 단순히 '듣기만 하는 것'이 아닙니다. 그렇다면 대화는 금세 끝이 나고 말겠지요. 경청은 상대방의 고통을 이해하고 그의 이야기를 이끌어내는 과정이자 기술입니다. 그래서 경청을 할 때에는 '듣기(경청) → 질문하기 → 대답하기 → 공감하기 → 듣기(경청)'의 단계가 반복됩니다. 여기서 중요한 것이 바로 '질문'입니다.

경청을 할 때는 중간중간 질문을 통해 상대방의 이야기를 끌어내야 합니다. 상대방의 고통, 지나온 이야기, 배경 등을 파악할 수 있는 질문이어야 하겠지요. 이때 질문은 '열린 질문'으로 하는 것이 좋습니다. 열린 질문Open-ended Question이란, "네", "아니요"로 대답하는 것이 아니라 상대방이 자유롭게 답할 수 있는 질문을 의미합니다.

"기분 좋아요?"가 아니라 "기분 어때요?"로, "지금 이런 게 신경 쓰이나요?"가 아니라 "지금 가장 신경 쓰이는 것이 무엇인가요?" 하는 식으로 말이지요. "네", "아니요"로 대답할 수 있는 질문은 이야기의 맥을 끊어버리기 쉽습니다.

대화를 이제 막 시작한 터라 상대방에 대한 정보가 많이 부족할 때는 '닫힌 질문'도 조금씩 적절히 활용하는 것이 좋습니다. 닫힌 질문Closed Question은 열린 질문과 반대로 "네", "아니요"로 답할 수 있는 질문으로 특정 문제에 관한 정보를 수집하는 데 유용합니다.

"직장 생활은 즐겁습니까?"
"최근 너무 바빠 피곤했던 적이 있나요?"

일단 열린 질문으로 대화를 시작해 문제를 제기한 뒤 구체적인 내용들, 혹은 정보가 필요한 부분은 닫힌 질문으로 하나하나 파악해보세요. 하지만 역시 경청하는 대화의 기본은 열린 질문이어야 한다는 것을 잊지 마시고요.

그리고 질문을 할 때는 한 번에 한 가지씩만 묻습니다. 2~3가지를 동시에 질문하는 일은 피하도록 하세요. 예를 들어 이런 경우입니다.

"마음이 편치 않으셔서 식욕도 없으시고, 그래서 야위신 건가요?"

묻는 사람이 임의로 판단하고 관련 짓고 있네요. 질문 받은 사람 입장에선 참 모호하고 불친절한 질문입니다. 상대가 기력과 체력이 약하고 고령인 경우라면 더욱 대답하기가 힘들 것 같습니다. 아마 대부분은 상황을 넘기기 위해 건성으로 대답하고 서둘러 대화를 끝내려 할 겁니다. 그러므로 질문은 심플하게 한 가지씩, 이해하기 쉽고 대답하기 쉽도록 해야 합니다. 위와 같은 질문이라면 번거롭더라도 하나씩 차근차근 해나가는 것이 좋습니다.

"지금 마음이 편치 않으세요?"
"요즘 식욕이 없으신가요?"
"왜 이렇게 야위신 걸까요?"

질문을 할 때 또 한 가지 주의할 점은 절대 '심문조'로 하면 안 된다는 것입니다. 공감과 응답을 자연스럽게 연결하려면 부드럽고 차분한 어조를 유지하는 것이 좋습니다.

상대방이 대답하기 어려울 것 같은 경우에는 "대답하기 어려우시면 무리해서 대답하지 않으셔도 괜찮아요"와 같이 배려하는 말을 덧붙이는 게 좋습니다. 그러면 좀 더 친절한 질문을 할 수 있고, 질문을 받는 사람의 마음도 한결 편안해집니다.

응답하라, 듣고 있다면

경청을 할 때는 반드시 리액션 Reaction 이 있어야 합니다. 리액션은
소리와 행동으로 표현하는 것이 중요합니다. 리액션 역시 적절하
게 하는 방법이 있습니다. 무조건 맞장구를 치면 오히려 '제대로
듣고 있지 않고 있다'는 인상을 주게 됩니다.

우선 리액션을 할 때 기본은 상대를 바라보는 것입니다.
"네, 네" 하면서 연신 고개를 끄덕이지만 몸이 상대방과 다른 쪽을
향하고 있다면, 경청하고 있어도 제대로 듣지 않는 것처럼 보입니
다. 시선을 응시하면서 "네, 네", "그렇군요", "역시 그렇지요", "그러
셨어요?", "이야~ 굉장하네요", "그러게요", "아~", "와!" 등의 말을

하며 과장되지 않게 추임새를 넣는 것이 좋습니다.

리액션에서 중요한 것은 코멘트 자체가 아니라 상대방의 이야기에 '반응'하고 있다는 사실을 전달하는 것입니다. 리액션은 상대의 이야기에 대한 나의 '응답'과 같습니다.

상대방의 이야기에 공감을 했을 때는 좀 더 강하게 리액션을 해서 '당신의 이야기에 공감하고 있다'는 것을 표현해주는 것이 좋습니다. 예를 들어 "그렇습니까?", "아!" 하고 단순하게 맞장구를 치는 것이 아니라 "그렇게 생각하는 게 당연하지요!", "얼마나 힘드셨을지 저도 잘 알 것 같아요" 하는 식으로 좀 더 구체적인 말을 덧붙여주면 됩니다. 공감의 리액션이 더해지면 대화에 좀 더 생기가 돌게 됩니다.

"아… 네… 알겠습니다."

리액션이 없거나 너무 밋밋할 경우, 말하는 사람은 상대방이 자신의 이야기를 성의껏 듣지 않고 있다고 느끼게 됩니다. 그래서 '저 사람이 내 고통을 알 리가 없지. 말은 저렇게 해도 사실은 잘 모를 거야' 하고 단정해 버립니다.

리액션을 하는 것이 아직 어색한 사람이라면 차분하게 솔직한 마음을 표현하는 것도 좋습니다. 세련된 방법은 아니지만, 이것도 일종의 리액션이라 할 수 있습니다.

"제가 어떻게 반응을 해야 할지 사실 잘 모르겠지만… 그리고 고통은 겪어본 사람만이 아는 것이지만… 말씀 들어보니 얼마나 힘드실지 알 것 같습니다. 이야기를 들어보니 그렇게 느끼시는 것도 당연한 것 같아요."

때로는 침묵하는 것도 괜찮습니다. 침묵도 역시 공감의 리액션이 될 수 있습니다. 단, 그저 입을 꾹 다물고 있는 것이 아니라, 침묵하면서 적절히 고개를 끄덕이며 공감을 표시해야 합니다.

때로는 위로보다 침묵

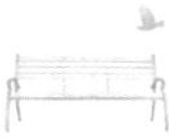

고통 받는 사람과 대화를 나눌 때 잊지 말아야 할 것은 그가 던지
는 모든 질문에 대답을 할 필요는 없다는 것입니다. 오히려 너무
쉽게 바로바로 대답을 하면 상대방이 마음을 닫을 수도 있습니다.
자신의 고통을 제대로 이해하지 못하고 있다는 인상을 주게 되거
든요.

그가 잠시 말을 멈췄다고 해도 하고 싶은 이야기가 아직 끝나지
않았는지도 모른다는 마음으로, 다음 말을 기다리듯 천천히 대화
를 이어가는 것이 좋습니다.

이때 필요한 것이 침묵입니다. 고통 받는 사람에게 힘이 되는 데
에는 말보다 침묵이 훨씬 중요합니다. 침묵은 금이요 웅변은 은이

라는 옛말에는 틀린 것이 없습니다. 일본국립보건의료과학원의
《의사·치과의사에 대한 지속적 의학교육을 위한 자료집》에서는
침묵을 아래와 같이 설명합니다.

> 침묵은 크게 두 가지로 분류된다. 하나는 서로 나눌 대화가 없을 때
> 생기는 침묵으로 이른바 '어색한 침묵'이다. 다른 하나는 한쪽의 갈
> 등이 높아져 '말을 할까 말까' 또는 '어떻게 말할까'를 생각하는 침
> 묵으로 이른바 '갈등속의 침묵'이다. 의사 대 환자의 커뮤니케이션
> 에서는 후자가 특히 중요하다. 환자가 마음속에 갈등을 느낄 때는,
> 침묵하면서 환자가 말을 꺼내기를 기다리는 것이 좋다. 침묵을 인내
> 하는 것은 경청의 기본이다.

그럼 1장에서 했던 질문을 다시 해보겠습니다.
고통 받는 누군가가 당신에게 "나는 왜 사는 걸까요?"라고 물었습
니다. 또는 "이제 모든 걸 그만 끝내고 싶어요"라고 말했습니다. 혹
은 "사는 게 의미가 없어요. 나는 어떻게 해야 할까요?"라는 질문
을 받았습니다. 당신은 어떻게 하시겠습니까?

이제는 아실 것이라 생각합니다.
"당신의 삶에는 특별한 의미가 있어요!"라고 명쾌하게 대답하는

것은 "저는 당신의 고통을 모릅니다"라고 말하는 것과 같습니다.
그의 질문에는 배경이 있습니다. 그 사람만의 이야기가 있습니다.
대답을 하기 전에 우선 그것들을 들을 필요가 있습니다. 그러니
일단 이렇게 얘기하는 것이 좋습니다.

"왜 그렇게 생각하세요?"

그런데 때로는 절망의 깊이가 너무 깊게 느껴져서 "왜 그렇게 생
각하세요?"라고 묻는 것조차 어려울 때가 있습니다. 그럴 때는 이
렇게 하면 됩니다. 가만히 침묵하세요.

강연을 하러 가면 이런 말을 자주 듣습니다.
"어떻게 대답하면 좋을까요?"
대답하지 않아도 괜찮습니다. 오히려 지금까지 말한 내용을 진심
으로 이해했다면 시원하게 대답이 나오지 않을 것입니다.
고통 받는 사람은 마음속에 떠오르는 대로 말을 던지고 자신의 귀
로 그것을 들은 뒤 머리로 반추하는 경향이 있습니다. 듣는 이가
바로 반응하지 않고 잠시 침묵을 유지하면 그 사람도 자신이 던진
말에 대해 생각할 여유를 갖습니다.
"대화를 하다 말이 끊어지면 어색하고 불편합니다"라고 고민하는

분들도 많습니다. 하지만 마음이 불편하다고 아무 대답이나 하는 것보다는, 차라리 잠시 머뭇거리거나 어색하게 침묵하는 편이 더 좋습니다.

힘들어하는 누군가와 대화를 나눌 때, 그의 이야기에 귀를 기울이며 위안을 주고자 할 때, 그 자리에서 무리하게 대답하려 하지 마세요. 침묵도 경청입니다. 그 자리에 함께 있어주는 것만으로도 당신은 상대방에게 메시지를 보내고 있습니다. 그를 구할 수 있는 사람은 그 사람 자신뿐입니다. 그러므로 타인의 대답은 사실상 아무런 의미가 없을 때가 많습니다. 조금 불편하고 잠시 어색하더라도 침묵을 충분히 받아들인 뒤 머뭇거리며 내뱉은 한마디가 상대방에게 더 위안이 될 것입니다.

그래서 저는 여러분께 이렇게 말씀드리고 싶습니다.
서로 말이 없어졌을 때는 계속 침묵을 유지하시라고요.
물론 어떻게 해야 상대방을 위로해줄 수 있을지 계속 고민하면서 말입니다. 경청은 나의 이야기를 하는 것이 아니라 그 사람의 이야기를 끌어내는 것입니다. 그리고 그것이 마음 깊숙한 곳의 아픔을 극복하는 새로운 계기를 만듭니다.
경청은 침묵을 끌어안습니다.

귀를 기울이기 좋은 장소

경청이 얼마나 근사한 일인지 아는 사람일수록, 그리고 경청의 보람을 아는 사람일수록 환경 설정에 무척 공을 들입니다. 사람이 환경에 많은 영향을 받는다는 것은 누구나 다 아는 사실이지요. 경청을 할 때도 마찬가지입니다. 경청을 잘 하려면 우선 이야기를 나누기에 좋은 환경을 찾는 것이 중요합니다.

여기가 어수선한 건널목 앞이라고 상상해보세요. 만약 이곳에서 갑자기 사랑 고백을 한다면? 아마 상황에 따라서는 효과가 있을지도 모릅니다. 하지만 기왕이면 저녁 무렵의 로맨틱한 바닷가가 더 좋지 않을까요?

고민을 상담하는 경우라면 어떨까요? 글쎄요, 단언컨대 자동차가 빵빵거리는 건널목 앞에서 고민을 털어 놓는 사람은 많지 않을 겁니다. 대부분은 좀 더 아늑하고 차분한 장소에서 자신의 속내를 말하고 싶어 하겠지요.

상대방의 이야기를 경청하고자 한다면 먼저 조용하고 차분하게 대화할 수 있는 장소를 찾으세요. 구체적인 장소가 정해져 있는 것은 아니지만, 가능하면 대화의 내용이 주변으로 새어 나가지 않는 곳이 좋습니다.

실내라면 다른 공간과 독립된 별실이 가장 좋습니다. 남성은 좁은 방, 여성은 넓은 방을 선호한다는 이야기도 있지만 여기에는 이견이 많으므로 면적에는 구애받지 말고 적당한 크기의 공간을 선택하면 됩니다.

내가 입은 옷과 나의 향기도 상대방에게는 '대화의 환경'이 됩니다. 옷매무새는 단정하게 정리하고 내 몸에서 신경 쓰이는 냄새가 나지 않도록 주의해야 합니다. 화려하게 차려입거나 향기로운 향수를 뿌리라는 것이 아닙니다. 대화에 방해가 되지 않도록 깔끔함과 청결함을 유지하는 정도면 충분합니다.

이야기를 나눌 때는 옆자리에 나란히 앉는 것이 가장 좋습니다.

마주 보는 경우라면 가능한 한 정면으로 앉지 말고 대각선으로 앉아야 이야기하는 사람이 부담을 느끼지 않습니다.

죽음을 앞에 둔 말기 환자들을 매일 만나다 보면 '일생에 한 번뿐인 인연一期一會'이라는 말을 실감할 때가 많습니다. 내 주변의 소중한 사람들에게 언제 무슨 일이 생길지 모르는 것이 인생입니다. 어떤 상대라도 '일생에 한 번 뿐인 인연'이라는 마음으로 대하면 대화의 환경을 설정할 때 자연스레 정성을 기울이게 됩니다.

시간이 만드는 이야기

도야온센 병원의 호스피스 전문의인 오카모토 다쿠야岡本拓也 선
생은 그의 저서《알기 쉬운 구조 구성 이론 : 완화의료의 본질을 풀
다》에서 경청에 대해 이렇게 썼습니다. 의료서적에 나오는 내용이
라 조금 딱딱하게 느껴질 수도 있습니다만, 가만히 들여다보면 그
리 어렵지 않습니다.

(경청이란) 말하는 사람이 자신의 존재와 인생을 긍정하고
새로운 이야기의 재구성이 가능하도록 지원하는 행위라고 할 수 있다.
경청이라는 지원을 통해 환자나 가족 안에서
삶의 질을 개선하는 이야기를 이끌어낼 수 있다.

사람에게는 저마다 시간이 만들어낸 '이야기'가 있습니다. 지금이라는 순간은 과거의 모든 순간과 연결되어 있습니다. 그렇게 연결된 과거와 현재는 미래의 순간순간으로 이어집니다. 이렇게 사람은 과거와 현재를 통해 저마다의 이야기를 만들고 그것을 배경으로 미래의 이야기를 만들어 갑니다.

그런데 커다란 위기와 맞닥뜨려 존재가 휘청거리면 그 순간의 '이야기'가 바뀌게 됩니다. 행복한 순간순간으로 만들어진 행복한 이야기들이, 활기 넘치는 순간순간으로 만들어진 활기 넘치는 이야기들이 감당할 수 없는 고통 앞에서 불행하고 슬픈 이야기로 바뀌어 버립니다. '지금'이라는 시간의 이야기가 암울해지면 곧 다가올 미래의 이야기도 그 연장선상에 있게 될 수밖에 없겠지요.

이때 필요한 것이 '경청'입니다. 앞에서 인용했던 문구를 다시 한 번 봐주세요. 오카모토 선생은 경청을 두고 '새로운 이야기의 재구성이 가능하도록 지원하는 행위'라고 말했습니다. 경청을 통해서 '삶의 질을 개선하는 이야기를 이끌어낼 수 있다'고 했습니다. 이 말의 의미가 이해가 가시나요?

앞서 1장에서, 경청을 하려면 그의 이야기를 이끌어내는 것이 우선이라고 했었지요. 그래서 경청은 단순한 듣기와는 다르다고 말씀드렸습니다. 여기에 또 하나의 포인트가 있습니다. 내가 경청을 통해 상대방의 가슴속 깊은 곳의 이야기를 이끌어내면, 그는 그 이야기들을 풀어놓는 과정에서 자연스럽게 지금의 고통을 극복할 수 있는 '새로운 이야기'를 만들게 됩니다. 이 '새로운 이야기'들은 삶에 또 다른 의미를 부여하고 지금의 고통을 이겨낼 계기를 만들어줍니다. 이것이 바로 경청의 힘입니다.

물론 이러한 과정은 한순간에 이뤄지지 않습니다. 생각보다 훨씬 천천히 느릿느릿 진행될 수도 있습니다. 인내심을 가지고 차분하게 경청의 각 단계를 밟아가야 합니다. 그러기 위해서는 상대방의 마음을 열고 그의 이야기에 귀를 기울이며 그가 살아온 인생의 배경을 이해하는 것이 우선입니다.

교통사고로 사지가 마비된 A씨가 있었습니다.

A씨는 무슨 일을 하든 다른 사람의 손을 빌려야 한다는 사실에 크게 좌절했습니다. 이렇게까지 해서 살아야 할 이유가 있느냐고 매일 밤 울부짖었습니다.

의료봉사를 하는 B씨는 A씨에게 도움을 주고 싶었습니다. 그래서 "당신의 삶에는 아직 희망이 있다"고 말하며 용기를 불어넣어주려 했지만, 매번 도움이 되지 않는다는 사실을 깨달을 뿐이었습니다. 그러다 B씨는 깨달았습니다. A씨에게 도움이 되기 위해서는 먼저 친밀하게 이야기를 나누는 사이가 되어야 한다는 것을.

그래서 B씨는 우선 소소한 이야기를 나누며 A씨와 친분을 쌓아갔습니다. 그리고 어느 날 또다시 A씨가 습관처럼 "내 삶은 의미가 없어요"라고 자조적으로 말했을 때 B씨가 말했습니다.

"어떤 일이 있으셨기에 그렇게 생각하세요? 지금까지 겪으신 일을 들려주시겠어요?"

그리고 B씨는 알게 되었습니다. A씨가 원래는 건장한 운동선수였다는 것. 동료들의 도움으로 뛰어난 실적을 남겼다는 것. 그러다 사고를 당해 모든 것이 바뀌었다는 것….

A씨의 이야기는 불행하게 끝났을 수도 있습니다. 하지만 그 둘의 대화가 여러 차례 이어지는 동안 조금씩 변화가 생겼습니다.

"그래도 저는 행복한 사람인지도 몰라요."

"왜 그렇게 생각하세요?"

"훨씬 불행한 사람도 많잖아요. 그래도 저는 운동으로 성공했잖아요. 동료도 있고. 그러니 불행하지만은 않다고 생각해요."

B씨와 대화를 나누는 과정을 통해 A씨의 이야기가 바뀌기 시작한 것입니다.

언젠가 A씨의 이야기가 좀 더 많이 바뀌면 "지금까지 받아온 은혜를 다른 사람에게 나눠주고 싶어요", "이런 상태에서도 의미 있는 일을 할 수 있다는 걸 모두에게 보여주고 싶어요!" 같은 새로운 의미와 또 다른 이야기들이 만들어질지도 모릅니다.

70대 말기 암 환자의 특효약

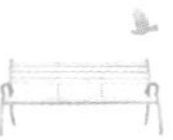

제가 예전에 만났던 70대 여성 말기 암 환자와의 대화를 잠시 소개하고자 합니다. 실명을 공개하긴 어려우니 편의상 모리야마 씨라고 하겠습니다. 하루는 병실 문을 열고 들어가니 그녀가 방 한가운데에 놓인 침대 위에 걸터앉아 창밖을 바라보고 있었습니다.

"선생님, 오늘은 좀 춥다 싶더니 역시 눈이 내리네요."
"그러게요. 꽤 많이 내리네요. 그래도 홋카이도만큼은 아니지요?"
그녀는 홋카이도에서 나고 자란 분이었습니다.
"그야 그렇지요."
"어이쿠, 저는 오늘 아침에 출근하다가 언덕에서 미끄러질 뻔했습니다.”

“하하, 선생님이 미끄러지시면 저도 곤란하니 조심하세요.”

“하하하, 모리야마 씨가 제 주치의 같으시네요!”

“하하, 그랬나요?”

저는 천천히 다가가 침대 옆 의자에 걸터앉았습니다.

“모리야마 씨, 오늘은 컨디션이 어떠십니까?”

“네, 선생님 덕분에 괜찮은 것 같아요.”

“그러시군요.”

“그런데 선생님, 여기는 정말 조용하네요.”

“네, 산속이라 그런가 봐요.”

“그렇군요.”

그녀는 추억을 회상하는 듯 아련한 얼굴로 창밖을 바라보았습니다.

“홋카이도는 눈이 훨씬 많이 오지요?”

“그럼요. 내리는 양도 다르고 쌓이는 것도 달라요. 하지만 오래전
에 떠나왔으니 지금은 그리울 뿐이지요. 아득하게 느껴지네요.”

“모리야마 씨는 언제 이곳에 오셨나요?”

“엑스포 때니까 70년대쯤이네요.”

“왜 홋카이도를 떠나 이곳으로 오셨어요?”

“글쎄요. 왜 왔을까요…. 선생님, 살다 보면 여러 가지 일이 생기잖

아요. 저도 여러 가지 일이 많았어요. 여러 가지 힘든 일에 둘러싸
여 있을 때 떠밀리듯 생각했지요. 홋카이도를 떠나자, 다른 곳에서
살아 보자! 부모님이 반대하셨지만 결국은 떠나왔어요."

"그렇군요."

"하지만 이곳에 와서 다행이에요."

"그렇게 생각하세요?"

"네, 그리고 이곳에서 마지막을 보낼 수 있는 것도 행복하고요."

그녀가 희미한 미소를 띠며 말했습니다.

"그런데 선생님은 왜 의사가 되셨어요?"

"저는… 어릴 때 몸이 약해서 자주 고열에 시달렸습니다. 그럴 때
면 너무나 힘들었어요. 근처에 병원이 있었는데 여의사 선생님이
아주 아름다운 분이셨어요. 그 선생님을 뵙고 오면 언제 아팠냐는
듯 금방 낫고는 했지요. 그래서 저도 그런 의사가 되고 싶다고 생
각했어요."

"선생님은 몸이 많이 약하셨나 보네요."

"네. 물론 지금은 괜찮습니다. 하지만 몸이 약했던 어린 시절에는
너무 힘들고 서러웠지요."

"그러셨군요. 선생님, 스트립토마이신이라는 약을 아시나요?"

"네, 그럼요. 결핵 약이지요."

"선생님, 저는 예전에 결핵요양소에 있었어요. 그것도 3년 반이나
요. 꽃다운 20대에요…."

"3년 반이나요?"

"네, 긴 시간이지요. 사람들이 많이 죽었어요. 저도 몇 번이나 죽을
고비를 넘겼고요. 다시는 거리를 걷거나 좋아하는 옷을 사거나 맛
있는 것을 먹을 수 없을 줄 알았어요. 그런데 어느 날 갑자기 약이
개발된 거예요. 스트립토마이신말이에요. 약이 없었을 때에는 사
람들이 많이 죽었어요. 하지만 약이 생긴 지금은 죽는 사람이 적
어졌지요. 조금만 일찍 개발됐더라면 제 친구도 죽지 않고 함께
살 수 있었는데. 산다는 게 참 묘하지요."

"…."

한동안 침묵이 흘렀습니다. 그리고 그녀는 지그시 저를 바라보았
습니다.

"선생님, 지금 제 몸의 병을 낫게 해줄 스트립토마이신은 없어요."

"모리야마 씨."

"스트립토마이신처럼 지금의 저를 깨끗이 낫게 해줄 약은 없어요.
그래도 괜찮아요."

"괜찮다고요?"

"네. 대신 마음을 낫게 해주는 스트립토마이신이 있거든요."

"마음 말입니까?"

"네. 그래서 병이 치료되지 않아도 내가 나를 구할 수 있어요."

"…."

"사람은 누구나 늙고 병들고 죽잖아요. 지금의 저처럼요."

"…."

"처음엔 그게 너무 싫었어요. 하지만 언젠가부터 결심했어요. 방법이 없다, 그러니 즐겁게 살자고요."

"네."

"그렇게 생각하니 세상이 전혀 다르게 보여요. 확실히 선생님의 치료로 저는 고통에서 벗어났어요. 하지만 완화의료에도 한계는 있지요."

"맞는 말씀이십니다."

"그래도 마음은 온전히 치유됐어요. 저는 그렇게 생각합니다."

"마음…."

"네. 생각해보면 당연하지요. 사람의 끝은 정해져 있는 것 같아요. 그것을 어떻게 파악하는지에 따라 길이 바뀌는 것이고요. 저는 어느 때보다 지금이 행복해요."

모리야마 씨는 생긋 웃었습니다.

"하늘이 맑게 개고 있네요! 선생님, 울 때나 웃을 때나 하늘은 같아요."

모리야마 씨와 저의 대화를 찬찬히 한번 살펴보세요. 그녀는 저와 이야기를 나누며 자신의 인생을 돌아보았습니다. 그리고 제 인생에 대해서도 물었습니다. 우리 두 사람의 이야기가 교차했습니다. 그녀는 젊은 시절에 느꼈던 죽음의 공포와 매일 그것을 마주해야 했던 과거를 떠올렸습니다. 절망에 떨던 나날을 생각했습니다. 그러나 그녀는 스스로 깨달았습니다. 자신에게는 그것을 극복한 경험이 있고, 그래서 새로운 공포도 다시 극복할 수 있다는 사실을 말입니다.

물론 이것이 하루아침에 나타난 결과는 아닙니다. 입원 초기의 그녀는 멍하니 생각에 잠기는 때가 많았습니다. 앞으로 다가올 공포가 두려운 듯 늘 어두운 얼굴이었습니다. 불안해 잠들지 못하는 밤도 있었습니다. 그런데 어느 순간부터 무언가 달라지기 시작했습니다. 그녀 안에서 새로운 이야기가 생겨난 것입니다.

그리고 언제부터인가 밝은 얼굴로 치료에 임하기 시작했습니다. 그녀의 새로운 이야기는 죽음의 공포를 극복한 데에서 나오는 것이었습니다. 그래서 힘주어 말할 수 있었겠지요.

"제 마음은 온전히 치유됐어요."

그렇게 말할 수 있게 되기까지 우리는 많은 대화를 나누었습니다. 그 시간 동안 제가 한 것은 대부분 가만히 귀를 기울이는 일이었습니다.

라이프 리뷰

임종이 임박한 사람은 과거를 돌아보는 경향이 있습니다. 이에 착안해 다른 사람에게 자신의 과거를 들려주며 지금까지의 생을 돌아보게 하고 그 과정을 통해 마음을 치유하는 치료법이 있는데, 이를 '라이프 리뷰Life Review'라고 합니다. 제 경험으로는 먼저 묻지 않아도 환자 스스로 이야기하고 싶어 하는 경우가 많았습니다. 태어난 장소나 자란 곳에 대해 물으면 그것을 계기로 이야기가 시작됩니다.

'디그니티 테라피Dignity Therapy'라는 치료도 있습니다. "다음 질문에 답해 보세요"라고 한 뒤 대답을 기록하여 소중한 사람들에게 남기는 것입니다. 질문의 내용은 다음과 같습니다.

1. 인생에서 가장 기억에 남는 것, 가장 소중한 것은 무엇입니까?
   살면서 가장 살아있다고 느낀 순간은 언제입니까?

2. 가족에게 말해주고 싶은 것이나 가족이 기억해주었으면 하
   는 것은 무엇입니까?

3. 살면서 맡아온 역할 중(가정에서의 역할, 직장에서의 역할,
   지역에서의 역할 등) 가장 소중한 것은 무엇입니까?
   왜 그것이 소중한가요?
   그 역할에서 성취한 것은 무엇입니까?

4. 성취한 것들 중 가장 중요한 것은 무엇입니까? 가장 뿌듯했
   던 것은 무엇입니까?

5. 사랑하는 사람에게 꼭 전하고 싶은데 아직 전하지 못한 것이
   있나요? 아니면 한 번 더 전하고 싶은 것이 있나요?

6. 사랑하는 사람에게 바라는 희망이나 꿈이 있다면 어떤 것입
   니까?

7. 살면서 배운 것 중 다른 사람에게 전하고 싶은 것은 무엇입
   니까?
   가족에게 남기고 싶은 조언이나 교훈은 무엇입니까?

8. 미래에 가족에게 도움이 되도록 남기고 싶은 말이나 지침은
   무엇입니까?

9. 이렇게 기록을 남기는 것 외에 달리 남기고 싶은 것은 없습
   니까?

질문들을 다 읽어보셨나요?

이미 눈치를 채셨겠지만 '인생'이라는 이야기의 의미를 이끌어내는 질문들입니다. 이것들을 하나하나 생각하며 기록하다 보면 자연스럽게 인생에 새로운 의미를 부여하게 됩니다. 새로운 의미로 가득한 이야기가 만들어지는 것입니다. 이렇게 생겨난 새로운 이야기는 지금 자신이 처한 위기를 극복할 수 있는 강한 힘이 될 수 있습니다.

지금 고통 속에서 괴로워하는 사람들에게도 저마다의 이야기가 있습니다. 저마다의 배경이 있습니다. 큰일을 겪고 나면, 일상 틈틈이 일어나는 사소한 일들이 계기가 되어 그 순간의 이야기가 불행하게 흘러가버리곤 합니다. 그런 이야기들이 다시 새로운 방향으로 흘러가도록 돕는 것이 이 질문들의 목적입니다.

그런데 여기서 반드시 주의해야 하는 것이 있습니다. 당사자가 질문들에 답을 하며 새로운 이야기를 만들어 나갈 때, 곁에 있는 사람이 자신의 이야기를 보태서는 안 된다는 사실입니다. 어디까지나 고통 속에 있는 사람 본인이 발견한 이야기여야 의미가 있습니다.

지금 곁에 있는 사람에게 질문을 던져보세요.

그가 자신의 이야기를 시작할 수 있도록 계기를 만들어주세요.

라이프 리뷰도 좋고 디그니티 테라피도 좋습니다. 즉흥적이거나 소소한 질문이어도 괜찮습니다.

지나온 인생을 돌아보며 사소한 질문들에 답을 하는 과정을 통해 상대방은 인생에 새로운 의미를 더하게 됩니다. 눈을 달리하고 생각을 바꾸면서 새로운 의미로 가득한 이야기가 만들어지는 것입니다. 이렇게 생겨난 새로운 이야기는 위기를 극복할 수 있는 강한 힘이 될 수 있습니다. 그 힘을 끌어내기 위해 상대에게 질문을 던지는 것입니다. 그 다음 우리가 할 일은 그가 풀어내는 이야기들에 가만히 귀를 기울여주는 것입니다.

경청은 수면 아래를
바라보는 것

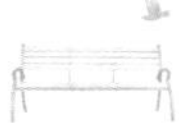

자, 105쪽의 그림을 봐주세요. 수면 위에 커다란 빙산이 떠 있습니다. 이 빙산을 잠시만 가만히 바라봐주세요.

철학자인 나카지마 요시미치中島義道는 "인간은 어쩔 수 없이 미움을 받게 되어 있다. 내가 미움을 받는다 해도 내게 잘못이 있는 경우는 거의 없다"라고 말했습니다. 이 말에 저도 공감합니다. 사람이 사람을 싫어할 때는 합리적인 이유가 없는 경우가 많으니까요.
백혈구 혈액형이라 불리는 HLA* 유형이 일치하는가 그렇지 않은

---

* Human Leukocyte Antigen. 인간 백혈구 항원. 사람마다 형태가 다르다.

가에 따라 상대방의 인상이 결정된다는 연구 결과도 있습니다. 이에 따르면, 사람은 HLA형이 완벽하게 일치하는 사람은 피하려 하는 경향이 있다고 합니다. 또한 전혀 공통점이 없는 사람도 피한다고 합니다. 너무 멀지도 가깝지도 않게 거리를 유지하며 냄새로 그것을 구별한다고 하니 신기할 따름입니다. 물론 이것은 무의식적으로 일어나는 일들입니다. 그러고 보면 사람의 감정은, 무엇이 좋다거나 무엇이 싫다거나 하는 마음들은, 논리적인 이유를 바탕으로 하는 것이 아니라 직감에 의해 한순간에 결정되는 경우가 많은 것 같습니다.

하지만 고통 받는 사람과 마주했을 때는, 그의 이야기를 '직감'으로만 이해하려고 해서는 안 됩니다. 특히 막연한 동정으로 그를 판단하지 않도록 주의해야 합니다. "이 부분은 그냥 좋다", "이 부분은 그냥 나쁘다" 하는 식이 아니라 되도록 객관적으로 그의 이야기를 들으려고 노력해야 합니다. 물론 이성적이고 냉정한 시선으로만 그의 이야기를 판단해서도 안 됩니다. 경청을 할 때에는 직감적 사고와 분석적 사고를 동시에 발휘해야 합니다. 가능한 한 중립적인 시선으로 그의 이야기를 듣고 판단하고 이해하려고 노력해야 합니다.

몇 번 이야기를 나누었다고 해서 '상대방을 완전히 이해하고 있다'고 생각하는 것도 금물입니다. 서로 공유하는 정보가 많아지고 사이가 친밀해지면 '나는 그 사람을 잘 알고 있다'고 생각하기 쉽습니다. 하지만 내가 타인을 정말로 잘 알기는 무척 어렵습니다. 사람에게는 여러 가지 측면이 있기 때문에 여러 사람의 다양한 관점을 모아야만 그 사람의 전체 상을 파악할 수 있습니다. 그저 몇 번의 경청과 나만의 직감을 통해 이해한 상대방의 모습은 실제와 전혀 다를 수 있습니다.

다시 빙산 이야기로 돌아가 볼까요? 105쪽의 그림에서 보이는 것은 수면 위로 드러난 빙산의 윗부분뿐입니다. 하지만 107쪽을 한

번 보세요. 수면 아래에 숨어 있는 빙산의 다른 부분이 보입니다. 수면 밖으로 드러난 윗부분보다 겉으로 드러나지 않은 아랫부분이 훨씬 거대합니다. 하지만 수면 밖에서는 빙산의 거대한 아래쪽을 절대 볼 수 없을 것입니다. 빙산의 윗부분을 보았다고 해서 빙산 전체를 다 보았다고 할 수 없습니다.

사람도 마찬가지입니다. 수면 위만 보고 누군가를 이해하는 것은 불가능합니다. 그렇기 때문에 빙산 아랫부분을 알려고 노력하는 것이 중요합니다. 그것을 알기 위해서는 어떻게 해야 할까요?
네, 바로 경청입니다.
경청을 통해 수면 아래에 잠겨 있는 상대방의 이야기를 발견해 가는 것입니다. 수면 위로 드러나는 말과 행동의 배경에는 반드시 수면 아래에 잠긴 이야기가 있습니다.

80대 남성 말기 환자가 매일 "집에 가고 싶어! 집에 가고 싶어!"라고 떼를 썼습니다. 주치의는 "상태가 좋지 않으니 아직 퇴원하시면 안 된다고 몇 번이나 말씀드렸는데 왜 가시겠다는 거예요?"라며 의아하게 생각했습니다. 그래서 저를 비롯한 완화의료 담당의가 관여하게 되었습니다. 잠시 대화를 나누는 동안 그분은 자신의 회사 이야기를 들려주었습니다.

"내 회사를 마무리 지어야 해요. 열심히 일해준 직원들 거취도 마련해주어야 하고. 아무리 몸이 아파도 마무리하기 전까지는 죽을 수 없어요."

의학적으로는 '퇴원해서는 안 된다'는 진단을 받았지만 거기에는 그분의 이야기, 그분의 배경이 녹아있지 않았습니다.

누구에게나 배경이 있고 이야기가 있습니다. 배경을 듣고 그 사람을 이해해야 한다는 사실을 잊지 마세요. 내가 귀를 기울이면 상대방은 이야기의 구슬을 꿰ㅂ니다. 이런 행위를 통해 고통 받는 분들은 자신의 인생에서 새로운 이야기를 발견해 갑니다. 이것이 치유의 과정으로 연결됩니다.

그래서 한 사람 한 사람이 이야기를 경청하는 행위는 누군가에게 힘을 줍니다. 그리고 그 누군가는 스스로 새로운 이야기를 만들어 자신에게 힘을 불어 넣습니다. 자신을 바꿀 수 있는 사람은 당사자 본인뿐입니다. 단지 의도가 선한다는 이유만으로, 곁에 있는 사람이 그를 바꾸려고 해서는 안 됩니다. 우리가 할 일은 단지 가만히 귀를 기울이는 것입니다.

누구나 자신을 지탱할 강한 힘을 갖고 있습니다.
죽음과 맞선 1,000여 명의 사람들을 봐 오면서 저는 그것을 확실히 믿게 되었습니다.

곁에 있는 소중한 사람이 힘들어 하고 있나요?
가까이에 고통 받는 누군가가 있나요?
그렇다면 그분의 이야기를 들어보세요.
그분의 배경을 이해하려고 노력해보세요.
그런 행위 자체가 그에게 힘이 되어줄 것입니다.
무슨 말을 해야 할지 모를 때에는 침묵으로 답하세요.
자신은 부족하게 느껴질지 몰라도, 여러분은 이미 그 사람에게 큰 힘이 되고 있을 것입니다.

3장

듣는 것은 말하는 것보다 근사한 일이다

지금 힘든 일이 있나요?
마음속에 괴로운 것이 있습니까?
그렇다면 그 고통들을 찬찬히 바라보세요.
통증이 피어나는 그 자리에 가만히 귀를 대면
막연하고 모호하던 아픔들이
조금씩 또렷하게 보이기 시작합니다.
그것이 치유의 시작점입니다.

나의 고통은 몇 개일까

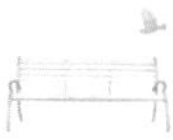

이번 장에서는 경청에 대해 조금 더 깊이 있는 이야기들을 해보려고 합니다. 경청이 보다 의미있는 것이 되기 위해서는 상대방의 고통을 제대로 들여다볼 수 있어야 합니다. 그러려면 우선 인간이 느끼는 '고통'에 대해 이해하고 있어야 합니다.

인간이 느끼는 고통에는 여러 종류가 있습니다. 여러분에게도 한두 가지쯤 괴로운 일이 있을 것입니다. 더 많을 수도 있고요. 분명한 것은 고통이 없는 사람은 없다는 사실입니다. 여러분 곁에서 밝게 웃고 있는 사람도 마음속 깊은 곳에는 고통이 있을 것입니다.

거의 모든 연령대의 사람들과 교류를 하고 있는 제가 본 바로는 살다 보면 누구에게나 힘든 일이 생기기 마련입니다. 특히 나이를 먹을수록 여러 가지 문제들이 끊임없이 생깁니다. 여러분도 때로는 능수능란하게, 때로는 필사적으로 그런 문제들과 맞서면서 일상을 살아가고 계시겠지요.

2,500년 전 인도에서 태어난 석가모니는 '사람이 인생에서 반드시 겪어야 하는 고통'을 사고팔고四苦八苦라고 이야기했습니다. '사고팔고'에는 생로병사의 고통을 포함한 여덟 가지 고통이 있습니다. 우선 생로병사의 네 가지 고통은 태어나는 고통, 늙는 고통, 병드는 고통, 죽는 고통을 말합니다.

여기에 사랑하는 사람과 이별하는 고통愛別離苦, 미워하는 사람과 만나는 고통怨憎會苦, 구해도 얻지 못하는 고통求不得苦 그리고 욕망이나 존재 자체에서 오는 고통五蘊盛苦을 더한것이 바로 석가모니가 말한 여덟 가지 고통입니다.

이는 오늘날에도 그대로 적용할 수 있습니다. 현대인이 겪는 다양한 고통도 결국은 위의 여덟 가지 중 하나에 해당하니까요. 여기에 새로운 것을 더하자면 '외로운 고통' 정도가 될 것 같습니다.

석가모니는 고통에 대한 깨달음을 얻고 기원전 5세기에 녹야원鹿

野苑에서 처음으로 가르침을 설파했습니다. 그중 하나가 사성제四
聖諦입니다. '네 가지 성스러운 진리'라는 뜻으로 고성제苦聖諦, 집
성제集聖諦, 멸성제滅聖諦, 도성제道聖諦가 그에 속합니다.

내용을 들여다보면 인생에는 여러 가지 고통이 있다는 것이 고성
제이고, 고통의 원인을 알아야 한다는 것이 집성제입니다. 고통을
없앨 수 있다는 사실을 아는 것이 멸성제이고, 실제로 고통을 없
애는 것이 도성제입니다.

즉 고통의 내용과 원인을 알면 이를 없앨 수 있음을 아는 것, 다시
말해 고통을 멸하는 마음을 갖는 것, 그리고 실제로 멸하는 것이
석가모니의 핵심적인 가르침입니다.

제가 지금 이 이야기를 하는 것은 불교의 교리를 설명하기 위함이
아닙니다. 불교에서 '고통'을 바라보는 관점들이 경청의 방법들과
통하는 부분이 있기 때문입니다.

고통에는 여러 가지 종류가 있다는 것, 그 내용과 원인을 알아야
고통을 없애는 해결법을 찾을 수 있다는 것. 우선 이것을 기억해
주시기바랍니다.

고통을 바라보는 방법

고통의 내용은 사람마다 다릅니다. 성별이나 나이, 성격에 따라 비슷한 경향은 있을 수 있어도 누구나 똑같이 느끼는 고통은 없습니다. 더욱이 오늘날은 삶의 방식이 천차만별입니다. 옆집에 사는 이웃이 겪는 고통은 내 고통과 전혀 다릅니다.

과학 기술이 진보하면서 짧은 시간 안에 사회를 뒤바꾼 굵직한 발명들이 이루어졌습니다. 컴퓨터에서 휴대전화로, 다시 SNS로 5년이 멀다 하고 사회가 급격하게 변하고 있습니다. 그러니 개개인의 고통을 공유하기가 어렵다는 말이 나올 만도 하지요.

그렇다면 지금 우리가 타인의 고통에 대해 어떻게 알 수 있을까요? 저는 이쯤에서 타인의 고통을 알고, 더불어 자신의 고통도 알 수 있는 유용한 방법을 제시하려고 합니다.

제 전문 분야는 의료 중에서도 '완화의료'라는 분야입니다. 의료 관계자 중에도 완화의료와 말기의료를 같은 것으로 오해하는 분들이 계신데, 이 둘은 엄연히 다릅니다. 완화의료는 말기 환자에 한정하지 않고 모든 환자와 환자 가족의 생활을 개선하는 것을 목표로 합니다. 즉 치료 과정에서 어떻게 하면 심신의 고통을 덜고 삶의 질을 높일까를 연구하는 의료 분야입니다. 그래서 저 같은 완화의료 전문의는 환자와 그 가족들의 고통을 아는 것이 무척 중요합니다.

완화의료에서 말하는 고통에는 네 가지 요소가 있습니다.
첫 번째는 신체적 고통입니다. 크고 작은 질병에 걸리거나 사고로 인해 상처를 입는 등 누구나 신체적 고통을 겪어본 적이 있을 것입니다. 또한 나이가 들면 몸에 조금씩 이상이 생깁니다. 한 번 다친 자리가 자꾸 아프기도 하고, 배가 아프거나 어지럽거나 잠이 오지 않는 등 다양한 문제가 생깁니다. 노화가 진행될수록 신체적 고통은 더욱 늘어가게 됩니다.
두 번째로 정신적 고통이 있습니다. 불안하다든지 외롭다, 우울하다, 초조하다 등 마음의 스트레스가 바로 그것입니다.

세 번째는 사회적 고통입니다. 예를 들어 경제적으로 곤궁하다든지, 인간관계나 가족관계가 나빠졌다든지, 업무에서 문제가 생겼다든지 하는 것이 이에 해당합니다.

네 번째는 스피리추얼 페인Spiritual Pain*입니다. 한마디로 '존재의 고통'이라고 할 수 있습니다. 앞서 석가모니가 말한 '사고팔고四苦八苦'에 대해 이야기했는데, 이 중 맨 마지막에 언급한 '존재 자체에서 오는 고통五蘊盛苦'에 해당한다고 할 수 있겠습니다. 단어의 느낌상 자칫 종교적으로 느껴질 수도 있지만, 실제로는 전혀 관계가 없습니다.

완화의료에서 고통을 나누는 이 네 가지 방법은 환자는 물론이고 몸이 건강한 사람에게도 적용할 수 있습니다. 괴롭고 힘들다는 생각이 들 때 이 네 가지 요소를 하나씩 짚어보면 고통의 원인을 파악하기가 쉬워집니다.

신체적 고통인가?
정신적 고통인가?

---

* 한국호스피스완화의료학회가 발간한 다수의 논문에서는 'Spiritual Pain'을 '영적 고통'으로 번역하고 있지만, 의미 해석에 혼동을 줄 수 있어 원서 표기 그대로 영어식 발음으로 기재하였다.

혹시 사회적인 관계에서 오는 고통은 아닌가?
아니면 존재 자체에서 오는 고통인가?

지금 곁에 고통 받고 있는 사람이 있다면 그의 고통을 가만히 들여다보세요. 혹은 자신이 겪고 있는 고통을 한번 깊게 들여다보세요.

사실 이러한 고통들은 서로 얽혀 있습니다. 실연을 당하거나 소중한 사람을 잃고 나면 우울한 기분에서 헤어 나오기 어렵습니다. 가슴이 답답할 때 거울을 보면서 '내 삶은 왜 이럴까?' 하는 생각을 하기도 합니다. 그러다 친구의 도움으로 실연이나 이별의 고통에서 회복되고 나면 이 모든 것들이 아무것도 아닌 것처럼 느껴집니다. 가슴이 답답했던 증상도 사라지고요. 실연이나 이별로 인한 정신적 고통이 신체적 고통과 스피리추얼 페인으로 이어진 것입니다.

다른 예도 얼마든지 있습니다. 허리가 아프면 자연스레 마음이 무거워지면서 "왜 난 통증을 안고 살아야 하는 거야?" 하는 스피리추얼 페인으로 연결됩니다. 이 경우 허리 통증이 나으면 다른 고통도 자연스럽게 사라집니다.
사회적 고통도 정신적 고통과 관련이 있습니다. 경제적 곤궁이나 인간관계에서 받은 스트레스가 정신적 상처로 연결되는 경우는 흔히 볼 수 있지요. 이 경우도 이직을 해서 상황이 나아지면 당연히 다른 고통도 사라집니다. 이렇게 고통은 서로 얽혀 악순환을 만들고 주변 사람까지 힘들게 합니다.

지금 힘든 일이 있나요?
마음속에 괴로운 것이 있습니까?
그렇다면 그 고통들을 찬찬히 바라보세요. 앞에서 말한 네 가지 기준에 비추어 한번 생각해보세요. 시간이 걸리더라도 차근차근 고통의 각 측면들을 파악해보세요. 자신의 고통을 들여다볼 때도, 다른 사람의 고통을 헤아릴 때도 마찬가지입니다. 고통의 원인이 보이면 해결의 실마리가 보입니다.

완화의료에서 말하는
인간의 네 가지 고통

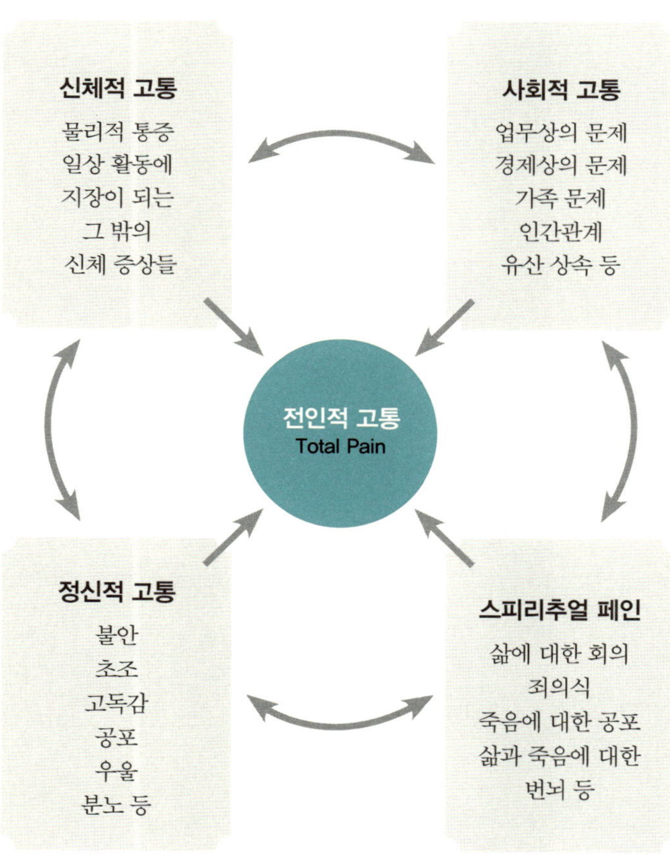

현대인의 통증,
스피리추얼 페인

앞서 말한 네 가지 고통 중 가장 낯선 용어는 아마 스피리추얼 페인일 것입니다. 스피리추얼 페인Spiritual Pain이란 쉽게 말하면 존재가 흔들리는 고통입니다. 의식주 면에서 크게 부족함이 없는 오늘날 현대인들의 마음 깊은 곳에는 대부분 스피리추얼 페인이 자리 잡고 있습니다. 지금 우리가 겪고 있는 고통을 이해하기 위해서는 우선 스피리추얼 페인에 대해 충분히 인지하고 있어야 합니다.

살다 보면 문득 이런 생각이 들 때가 있습니다.
'나는 왜 살까?'
'산다는 것은 무슨 의미일까?'

이것은 존재의 의미에 대해 던지는 질문입니다. 때때로 누구나 생각하게 되는, 전혀 이상할 것 없는 질문이지요. 그런데 어떤 큰 사건으로 인해 존재 자체가 흔들리면 이러한 물음들이 고통으로 이어집니다.

'이렇게 사는 것이 의미가 있을까?'

'내 삶엔 더 이상 의미가 없어!'

이런 생각들을 하며 괴로워합니다. 이것이 스피리추얼 페인입니다. 자살을 생각하는 사람도 아마 스피리추얼 페인에서 자유롭지 못할 겁니다.

보통은 어떤 사건이 일어나 신체적, 정신적, 사회적인 것의 일부가 상처를 받는다고 해도 존재 자체에까지 상처가 미치지는 않습니다. 그러나 더 큰 사건이 일어날 경우에는 어떨까요?

예를 들어 30만 원짜리 지갑을 잃어버렸다면 정신적으로도 고통스럽고 경제적 손실이라는 면에서 사회적인 고통도 생깁니다. 그러나 이 정도의 일로 '삶에 의미가 있을까?'라는 생각은 하지 않습니다.

하지만 전 재산을 금융 상품에 투자했다가 하루아침에 빈털터리가 되었다고 해봅시다. 엄청난 정신적 고통과 사회적 고통이 동시에 일어나고 '지금까지 무엇 때문에 그렇게 아등바등 살았던 것일까?' 하면서 괴로워하게 됩니다. 이것이 바로 스피리추얼 페인입니다.

무릎에 찰과상을 입은 정도로는 스피리추얼 페인이 생기지 않지만, 더 큰 사고를 당해 지체부자유자가 되었다면 스피리추얼 페인으로 괴로워하게 됩니다. 싫어하는 사람이 나를 괴롭힌다고 존재가 흔들리지는 않지만, 소중한 사람이 이유 없이 갑자기 사라져버리면 영혼은 큰 상처를 입습니다. 그렇게 시작된 스피리추얼 페인은 신체적, 정신적, 사회적 고통도 가중시킵니다.

다행히 스피리추얼 페인으로 인한 상처가 영원히 지속되는 것은 아닙니다. 인간에게는 자연치유력이 있거든요. 신체의 자연치유력은 익히 잘 알려져 있지요. 피부에 난 상처는 자연적으로 치유가 됩니다. 위장에 염증이나 궤양이 생겨도 우리에게는 이를 자연적으로 치유하는 힘이 있습니다. 감기에 걸려도 우리 몸에는 바이러스를 제거하려는 면역 기능이 있어서 건강했던 원래 상태로 돌아가고자 합니다.

정신도 마찬가지입니다. 자신을 둘러싼 '환경이 양호하면' 자연치유력이 발동되어 고통을 해소하려 합니다. '환경이 양호하면'이라고 강조한 이유는 신체적인 고통도 영양 상태가 좋지 못하거나 주변이 청결하지 않거나 스트레스가 많으면 치료하기 어렵듯 정신적 고통도 환경에 따라 회복하기 어려울 수 있기 때문입니다.

스피리추얼 페인 역시 인간이 가진 자연치유력으로 치유될 수 있습니다. 몸이 아픈 사람을 간호하듯 곁에서 누군가 돌보아준다면 치유의 과정은 좀 더 쉬워집니다. 그리고 누군가 곁에서 그의 이야기에 귀를 기울여주면 치유를 위한 아주 좋은 환경이 조성됩니다.

흔들리고 무너지는 이유

중대한 사건이 일어나 어떤 이의 몸과 마음 또는 사회적 지위가 침해당하면 그에 따라 존재도 흔들립니다. 이런 모습을 우리는 죽음을 앞둔 말기 환자들에게서 자주 볼 수 있습니다. 말기 환자들은 미래가 불안정하기 때문입니다.

물론 건강한 사람의 미래도 안정적이지 못한 경우가 많습니다. 그러나 시한부 진단을 받고 자신에게 남은 시간이 얼마 없다는 사실을 깨달은 사람이 느끼는 '미래에 대한 불안'은 건강한 사람의 그것과는 차원이 다르겠지요.

스피리추얼 페인으로 고통 받는 사람을 돌보는 행위들을 완화의료에서는 '스피리추얼 케어Spiritual Care'라고 합니다.

스피리추얼 케어의 일인자, 오자와 다케토시小澤竹俊 선생에 따르면 인간이라는 존재를 지탱하는 요소에는 세 가지가 있다고 합니다. 시간적 존재, 관계적 존재, 자율적 존재가 바로 그 세 가지에 해당합니다. 이를 두고 '존재를 지탱하는 세 가지 기둥'이라고 말합니다. 외적 자아와 내적 자아가 함께 인간의 '자아'를 지탱하듯이, 세 가지 종류의 '존재'가 인간이라는 커다란 존재를 지탱한다는 이론입니다.

시간적 존재는 한 마디로 '시간에 의해 형성되는 존재감'을 말합니다. 이것은 앞으로 다가올 미래와 긴밀히 연결되어 있습니다. 관계적 존재는 '타자와의 연결을 통해 형성되는 존재감'을 말합니다. 자율적 존재는 '자신의 일을 자신이 스스로 결정하는 것을 통해 형성되는 존재감'입니다.

128쪽의 그림 ①은 세 가지 기둥이 균형을 이루어 인간의 존재를 지탱하고 있는 경우를 보여줍니다. 하지만 세 가지 기둥 중 하나라도 흔들리거나 무너지면 인간의 존재는 균형을 잃고 흔들리게 됩니다.

제가 자주 접하는 말기 환자를 예로 들어보겠습니다.

말기 환자들은 위에서 말한 세 가지 기둥이 모두 흔들리는 것을 경험합니다. 일단 말기 진단을 받으면 내게 남은 시간이 얼마 없

존재를 지탱하는
세 가지 기둥

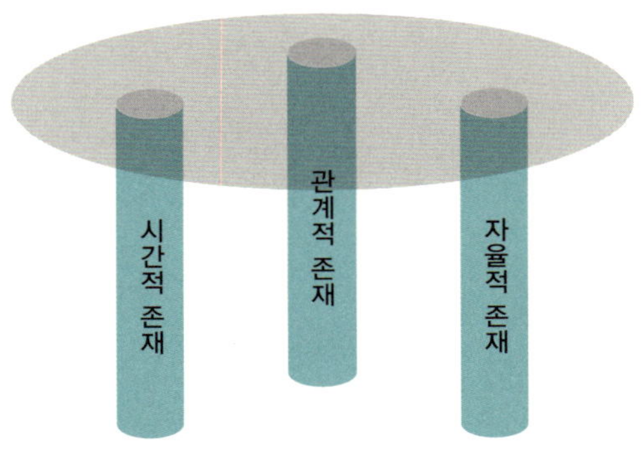

그림 ① 세 가지 기둥이 균형을 이루는 경우

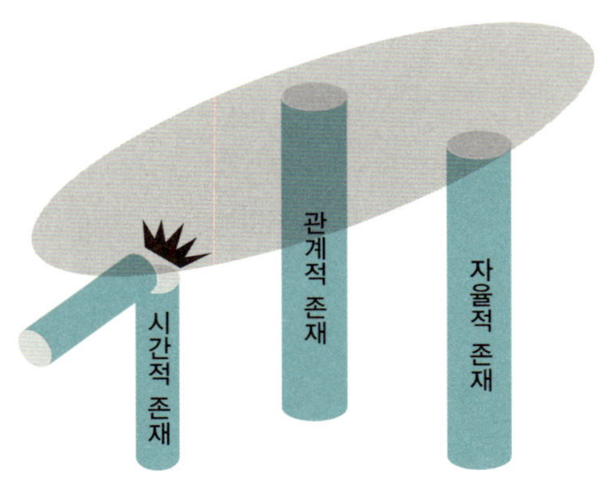

그림 ② 기둥 하나가 무너져 균형이 깨진 경우

다는 사실을 자각하게 됩니다. '죽으면 모든 것이 끝나는 게 아닐까?'라는 마음이 들면서 미래가 송두리째 흔들립니다. 시간적 존재가 큰 타격을 받고 있는 것입니다.

그리고 심각한 병을 앓는 동안 인간관계도 달라집니다. 특히 마음이 엇갈리거나 주어지는 정보가 과거와 달라지면서 큰 고독감을 맛보게 됩니다. 주변 사람들이 지나치게 조심스럽게 대하거나 무조건 격려하려고 하면 고독감은 더욱 깊어집니다. 관계적 존재는 그렇게 흔들립니다.

말기 진단을 받은 사람에게 또 한 가지 문제가 되는 것이 자율적 존재의 위기입니다. 말기에 이르러 체력이 약해지면 걷기가 힘들어집니다. 서 있기도 어려워지지요. 깊이 생각할 수도, 먹을 수도, 마실 수도 없습니다. 눈앞에 있는 컵을 들 힘조차 없기 때문에 다른 사람의 도움 없이는 물도 마시지 못합니다. 이 정도가 되면 '이렇게 살아서 뭐하나…' 하는 생각이 들게 됩니다. 그렇게 '내 일을 내 손으로 처리하고 내 몸과 마음을 스스로 통제하는 삶'이 송두리째 흔들립니다.

128쪽의 그림 ②는 특히 시간적 존재를 상실한 경우를 잘 보여줍니다. 미래가 점점 희미해지면서 존재를 지탱하던 기둥 중 하나가 무너지면 이렇게 존재 자체가 흔들리게 됩니다.

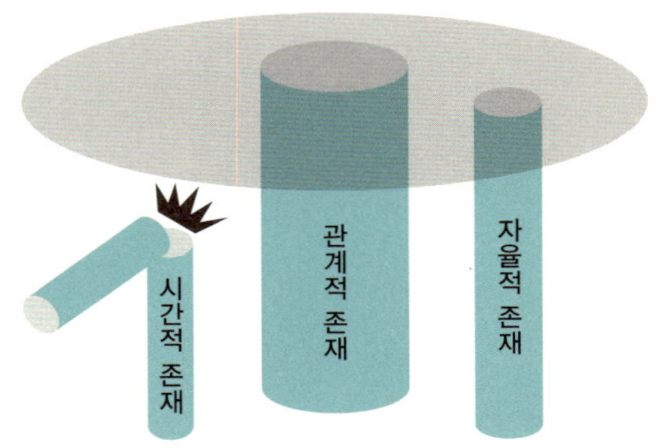

그림 ③ 기둥 하나가 무너졌으나 다른 기둥이 강화돼 있는 경우

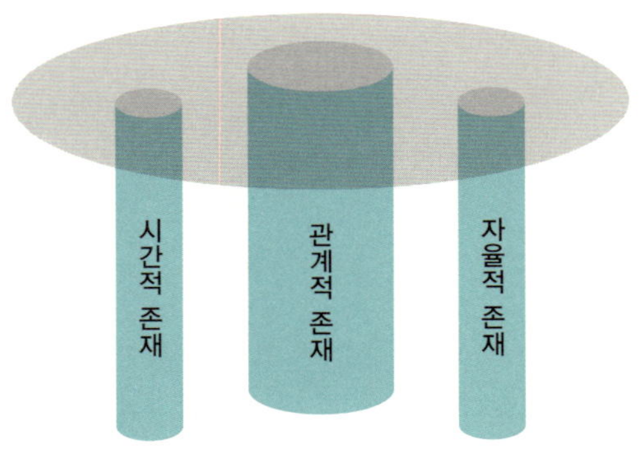

그림 ④ 강화된 기둥과 더불어 다른 기둥들이 균형을 찾은 경우

하지만 오자와 선생은 다른 기둥을 강화함으로써 무너진 기둥을 보완할 수 있다고 이야기합니다. 바로 130쪽의 그림 ③처럼 사람과 사람 사이의 연결, 즉 관계적 존재가 강화된 경우입니다.

예를 들어 의사가 환자에게 "가족과 편안한 시간을 더 많이 가지세요"라고 처방을 내렸다고 합시다. 가족들도 환자를 대하는 방법을 바꾸어 질책이나 무조건적인 격려는 접어두고 조금이나마 당사자의 이야기를 경청하려 합니다. 이에 따라 환자와 가족 간의 분위기가 돈독해지면, 그리고 이를 통해 관계적 존재가 강화되면 흔들리던 존재감이 안정을 찾습니다. 희미해진 미래를 관계의 힘으로 보완하는 것입니다.

이를 통해 환자는 앞으로 남은 시간 동안 얼마든지 행복하고 의미 있게 살 수 있다는 자신감, 보람 있게 남은 시간을 살아가겠다는 의지 등을 갖게 됩니다. 그 과정을 통해 결국 시간적 존재도 강화되어 세 기둥이 전보다 더 강하게 존재를 지탱하게 됩니다. 이것이 130쪽의 그림 ④가 보여주는 내용입니다.

물론 모든 경우가 이렇게 교과서적으로 흘러가지는 않겠지요. 하지만 일단 존재를 지탱하는 세 가지 요소를 파악하고 있다면, 스피리추얼 페인에 대응하는 기본 준비는 갖춘 셈이 됩니다.

자, 이쯤에서 정리를 해볼까요?

스피리추얼 페인은 신체적 고통, 정신적 고통, 사회적 고통과 함께 인간이 겪는 네 가지 고통 중 하나입니다. 현대인이라면 누구나 마음 깊은 곳에 스피리추얼 페인을 안고 살아갑니다. 스피리추얼 페인은 인간의 신체적, 정신적, 사회적 요소 중 어떤 부분이 중대한 위기에 빠지면 두드러지게 나타나 존재를 뒤흔드는 불안이 됩니다. 그리고 이렇게 존재가 송두리째 흔들리는 것은 인간의 존재를 지탱하는 세 기둥(시간적 존재, 관계적 존재, 자율적 존재)이 무너졌기 때문입니다. 하지만 존재를 지탱하는 기둥들을 재생하고 강화한다면, 흔들리고 무너진 존재를 다시 원래대로 탄탄하게 세울 수 있습니다.

스피리추얼 페인은 죽음을 앞둔 사람에게만 일어나는 것이 아닙니다. 신체적으로 건강한 사람에게도 얼마든지 일어날 수 있습니다. 우리는 매일매일의 일상에서 존재가 흔들리는 크고 작은 일들을 무수히 경험하니까요. 스피리추얼 페인에 대해 충분히 이해하고 있어야 지금 이 시대를 살아가는 나, 당신, 우리 모두가 겪는 고통을 온전히 치유할 수 있습니다.

고통을 치유하는 첫 걸음

40대 여성 말기 암 환자를 만난 적이 있습니다.

그녀는 식욕 부진과 체중 감소로 병원을 찾았습니다. 복수가 차고 배 안에서 종양이 다수 발견되었습니다. 장이 막혀 식욕이 사라지고 소화액이 통과하기 어려운 장폐색증도 보였습니다. 그녀가 받은 최종 진단은 '위암이 복막으로 전이된 암성복막염'이었습니다.

그녀가 겪었을 고통을 앞에서 말한 네 가지 관점(신체적 고통, 정신적 고통, 사회적 고통, 스피리추얼 페인)에서 한번 생각해보세요. 고통에는 신체적 고통만 있는 것이 아닙니다. 네 가지 요소를 모두 감안해 고통을 전반적으로 파악해야 합니다. 먼저 그녀의 이야기를 한번 들어볼까요?

"가장 힘든 것은 배가 팽팽해지는 거예요. 어떤 때는 갑자기 배가 아프기도 해요. 그럴 때는 너무 아파서 견딜 수가 없지만 고통이 멈추기를 기다리는 것 외에는 방법이 없어요. 지옥이 따로 없어요." 그녀에게 가장 힘든 것은 장폐색으로 인한 신체적 고통이었습니다. "다른 힘든 점은 없으세요?"라고 묻자 아래와 같은 이야기도 털어 놓았습니다.

"배에 복수가 차서 괴롭고 그 탓인지 최근에는 식욕이 전혀 없어요. 몸도 너무 나른하고 살이 빠지면서 근육이 없어져 체중이 10kg이나 줄었어요. 일상생활도 마음처럼 되지 않아요. 몸이 생각대로 움직이지 않고 오래 걷기가 힘들어요."

특히 마지막에 "몸이 생각대로 움직이지 않는다"고 말할 때는 무척 불안해 보였습니다. 신체적 고통이 정신적 고통으로 이어지고 있었습니다.

저는 뒤이어 정신적 고통에 대해 물어 보았습니다.

"요즘 마음 상태는 어떠세요?"

"괴롭지요…. 선생님, 저는 지금까지 건강에 꽤 신경 쓰며 살았고 건강 검진도 빠짐없이 받았는데 왜 이런 병에 걸렸을까요?"

울컥 하는 모습에서 분노가 느껴졌습니다. 또 진단을 받은 지 얼마 되지 않아 병이 빠른 속도로 진행되었으므로 장래에 대한 불안을 숨기지 못했습니다. 불안한 나머지 밤에는 잠을 잘 이루지 못했고, 아침에 일어난 뒤에도 하루 종일 우울한 상태였습니다.

다음으로 사회적 고통에 대해 이야기를 나누어 봤습니다.
"몸과 마음이 힘든 것 외에 혹시 또 걱정되는 부분이 있으세요?"
"저희 애들이 4살, 6살이에요. 진단 받은 뒤로 엄마 노릇을 한 번도 못했어요. 전에는 아르바이트를 하면서 살림을 꾸려왔는데 지금은 일을 전혀 할 수가 없어서 경제적으로도 어려워요. 집 살 때 빌린 대출금도 아직 다 못 갚았는데…."
특히 아이들 이야기를 하면서는 눈시울이 붉어졌습니다.
"이야기 들려주셔서 고맙습니다. 그 밖에도 혹시 마음에 걸리는 부분이 있으신가요?"
그녀는 천천히 입을 열었습니다.

"제 입으로 이렇게 말하기는 뭣하지만… 정말로 열심히 살아왔다고 생각합니다. 나쁜 일을 한 적도 없는데 왜 하필 제가 죽어야 하나요? 아이들 때문에라도 저는 꼭 살아야 해요. 그런데 몸이 말을 듣질 않아요. 걷기도 힘들고… 이런 상태로는 살아봤자 소용이 없는 것 같아요. 모두에게 폐만 끼칠 바에야 차라리…. 선생님, 제 인생은 뭐였을까요? 제 인생에도 의미가 있었을까요?"
그녀는 절망의 빛이 가득한 얼굴로 말을 마쳤습니다.

자, 그녀가 겪고 있는 고통들을 한번 짚어 봅시다.
신체적 고통을 요약하면 통증, 장폐색, 복수, 복부 팽만감, 식욕 부진, 전신의 권태감, 야윔, 체중 감소, 일상생활 수행 능력 저하(전문용어로는 ADL 저하라고 합니다)가 있습니다. 앞에서 말한 '세 가지 기둥 이론'을 대입해보면 일상생활 수행 능력 저하는 '자율적 존재감 저하'로 이어지고, 이것이 다시 스피리추얼 페인과 긴밀하게 연관된다는 사실을 알 수 있습니다.
정신적 고통을 요약하면 불안, 초조, 불면(신체적 고통이기도 하지요), 분노로 파악할 수 있습니다. 이 중 미래에 대한 불안은 '시간적 존재감의 흔들림'으로 연결 지을 수 있습니다.
사회적 고통은 엄마로서의 역할에 대한 문제, 경제적 문제, 업무 문제가 있습니다. 이 중 엄마로서의 역할, 가계를 꾸려나가는 존재로서의 역할이 흔들린다는 것은 '관계적 존재의 흔들림'과 '자율적 존재의 흔들림'으로 연결 지을 수 있지요.
그리고 그녀가 마지막에 한 말, "제 인생은 뭐였을까요? 제 인생에도 의미가 있었을까요?"에 드러나는 것이 바로 스피리추얼 페인입니다. 그녀는 지금 존재 자체가 흔들리고 있는 것입니다.

곁에 있는 소중한 사람에게 이렇게 신체적 고통, 정신적 고통, 사회적 고통이 함께 일어나고 스피리추얼 페인까지 나타난다면 우리는 어떻게 해야 할까요?

저는 신체적, 정신적, 사회적 고통과 스피리추얼 페인을 복합적으로 안고 있는 환자를 만나면 우선 신체적 고통부터 치료합니다. 전신이 쇠약해져 일상생활 수행 능력을 회복하기 쉽지 않은 경우라고 해도, 가능한 부분만이라도 치료를 합니다. 신체 상태가 조금이라도 호전이 되어야 다른 고통들이 강화되는 것을 막을 수 있습니다. 특히 암 환자의 경우 신체적 고통을 줄이지 않으면 "이렇게 아픈데 살아서 뭐하나?"라는 생각을 자주 하게 되고, 이것이 스피리추얼 페인을 더욱 가중시킵니다. 여러 가지 고통들이 복합적으로 나타나고 있다면 그중 몸의 고통을 가능한 한 줄이도록 하는 것이 가장 우선입니다.

"나는 왜 살아야 하지?"
"무엇을 위해 살지?"
"나는 왜 아플까?"
"인간으로 태어나서 인간답게 산다는 것이 무엇일까?"

"나는 행복하다고 할 수 있을까?"

여러분 곁에 힘들어하는 사람이 있다면, 아마 그가 당신에게 이런 질문을 하는 순간이 있을 겁니다. 누구든 쉽게 답할 수 없는 어려운 질문들입니다. 하지만 이런 질문을 받으면 피하지 말아야 합니다. 상대방의 신체적, 정신적, 사회적 고통을 잘 살펴보고 그중 스피리추얼 페인으로 연결되는 것이 무엇인지 곰곰이 생각해보세요. 이를 위해서는 앞선 세 가지 고통을 먼저 이해하고 있어야겠지요. 이렇게 각 고통들을 연결해 생각하는 방식은 현재 자신이 느끼는 고통을 분석하는 데에도 유용합니다. 지금 내가 고통 속에서 괴로워하고 있다면, 나의 고통들을 한번 들여다보세요.

내 신체적 고통은 무엇인가?
내 정신적 고통은 무엇인가?
내 사회적 고통은 무엇인가?
그리고 나의 스피리추얼 페인은 무엇인가?

지금 당신에게 걱정거리가 있나요?
힘들고 괴로운 나날들이 계속되고 있나요?
그렇다면 자신이 느끼는 고통의 종류가 무엇인지 분석해보세요.

그 답을 알게 되면, 아직 고통이 해결되지 않았다고 해도 이전보다 마음이 한결 편해지는 것을 느낄 수 있을 겁니다. 나의 고통이 구체적으로 보이기 시작하기 때문이지요. 막연하던 대상의 형체가 드러나기 시작하면 심연의 불안이 서서히 사라집니다.

고통을 치유하는 첫걸음은 일단 그 고통을 하나하나 분석하는 것입니다. 문제를 파악하는 것에서부터 치유가 시작됩니다.

함께 아프지 말고
함께 괴롭지 말고

경청을 할 때는 상대방이 겪고 있는 '고통'을 면밀히 들여다보며 귀를 기울이는 것이 중요합니다. 그래야 그가 겪고 있는 고통에서 벗어날 해결책을 모색할 수 있습니다. 여기서 '고통을 들여다본다'는 것은 고통을 여러 관점에서 파악하라는 것이지, 그의 고통을 함께 느끼라는 것이 아닙니다.

이야기를 나누다 보면 경청하는 사람의 마음에도 다양한 감정이 떠오릅니다. 부정적인 감정일 수도 있고 긍정적인 감정일 수도 있습니다. 사람마다 제각기 다른 생각이 들기 마련입니다.

이때 중요한 것은 말하는 이의 감정을 그대로 따라가지 않고 경청하는 이, 즉 자신의 감정을 느끼면서 대화를 이어가는 것입니다.

경청은 상대방의 이야기에 몸을 맡기는 것이 아닙니다. 어디까지나 '아, 나는 지금 이렇게 느끼고 있구나' 하고 자신의 감정을 받아들이며 대화를 하는 것입니다. 그렇지 않으면 상대방이 분출하는 감정에 휩쓸리게 됩니다. 고통 받는 이가 쏟아내는 여러 가지 고통들에 귀를 기울이다보면 듣는 사람도 그 고통에 동화되어 괴로움을 느끼게 될 수 있습니다. 그의 고통이 마치 나의 고통처럼 느껴지게 되는 것입니다.

하지만 경청의 목표는 고통 받는 이와 일체화되는 것이 아닙니다. 경청의 목표는 상대방의 고통을 그대로 느끼고 같이 괴로워하기 위함이 아니라는 뜻입니다. 고통의 감정에 몰입해 이야기에 귀 기울이며 매번 눈물을 흘리는 감수성이 풍부한 사람도 있습니다. 하지만 그것이 진정 '경청의 힘'을 살려 상대방을 돕고 있는 것이라 말할 수는 없습니다.

고통 받는 이의 이야기를 이끌어내고 그것에 귀를 기울이는 과정을 통해 그가 스스로 답을 찾고 고통에서 빠져나올 수 있도록 도와주는 것, 이것이 경청의 진짜 이유이고 목표입니다. 그러기 위해서 우리는 '고통'을 들여다보는 것입니다. 고통을 느끼기 위해서가 아니라 해결책을 찾기 위해 고통을 분석하는 것임을 잊지 마시기 바랍니다.

잡담 그 이상의 잡담

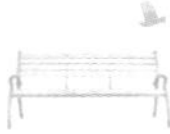

고통에 대한 이해가 생기면 경청의 깊이는 더욱 깊어집니다. 그럼 이쯤에서 이제까지의 이야기들을 다시 정리해보겠습니다. 경청을 할 때에는 다음의 세 가지를 염두에 두어야 합니다.

첫째, 대화를 나누며 상대방이 가장 마음 쓰는 것이 무엇인지 생각해보세요.

둘째, 상대방이 겪고 있는 고통의 네 가지 측면(신체적 고통, 정신적 고통, 사회적 고통, 스피리추얼 페인)을 파악해보세요.

셋째, 그 사람이 살아온 지난 인생, 즉 시간이 만든 이야기를 들여다보세요. 그리고 지금까지 살아온 이야기와 배경을 바탕으로 현재의 상황들을 연결 지어 보세요.

경청과 잡담은 다릅니다. 힘을 주고 싶은 사람(고통 받는 사람)과 이야기를 나눌 때는 잡담을 나누면서도 일정한 방향성(목표)을 잃지 않아야 합니다. 위에서 말한 세 가지를 염두에 두고 대화를 나누면 그것은 단순한 잡담 그 이상이 됩니다. 천천히 이야기를 나누다 보면 그 사람의 고통이 보이고, 고통의 여러 측면이 보이며, 인생의 이야기와 배경이 보입니다.

여기서 더 나아가면 대화하는 과정을 통해 상대방도 자신의 문제를 깨닫게 되고 해결의 실마리를 찾게 됩니다. 이야기를 하면서 자연스럽게 인생의 의미를 발견하게 되기도 합니다. 아무 의미 없어 보이는 인생에 새로운 의미가 나타나면, 인생을 다시 보게 되고 고통을 극복할 힘도 생기게 됩니다. 물론 이것은 이야기를 경청하는 사람이 제대로 방향을 잡고 있어야만 가능한 일입니다. 상대방이 하고 싶은 말을 아무렇게나 쏟아내도록 그대로 두고, 그 말들을 무기력하게 들어만 주고 있다면 그것은 의미 없는 잡담으로 그치고 말 것입니다.

이야기를 성심성의껏 들어주고 그가 답을 찾도록 여러 가지 질문을 던져보지만, 아무리 노력해도 상대방이 스스로 인생의 의미를 찾지 못할 때에는, 이야기를 듣는 사람의 생각을 솔직하게 말하는 것도 방법이 될 수 있습니다.

"그래도 ○○씨는 일에서 성공하셨잖아요!"

허심탄회하게 대화를 나누다 보면 본인도 모르는 사이 뜻밖의 가치를 발견하게 되는 경우도 있습니다. 중요한 것은, 듣는 사람이 상대방의 말을 충분히 경청하면서 그의 인생에 새로운 가치가 있지 않은지 면밀히 탐색해주어야 한다는 것입니다. 그런 마음가짐이 뒷받침되면 대화의 질이 확연히 달라집니다.

또 하나 기억해야 할 포인트는 지나치게 심각할 필요는 없다는 것입니다. 어느 정도 상대방의 기분을 맞춰주기는 해야겠지만 억지로 밝고 명랑한 분위기를 조성할 필요는 없습니다. 그저 '이 사람을 알자', '이 사람의 이야기를 듣자' 정도로 생각하는 것만으로도 충분합니다. 좀 더 적극적인 자세를 갖고 싶다면 이렇게 생각해보는 것도 좋습니다.

'이 사람의 이야기 안에 잠재된 의미를 발견해보자!'

광대한 미지의 세계를 여행하는 모험가 같은 마음을 가져 보는 것
이지요. 동정심이나 인내심이 아니라 호기심을 갖는다면 경청은
더욱 즐겁고 흥미로운 일이 됩니다.

너무 심각할 필요 없습니다.
애써 착해지지 않아도 괜찮습니다.
잠시 말을 멈추고 가만히 귀를 기울여보세요.
분명 의미 있는 이야기가 시작될 것입니다.

반복의 테크닉

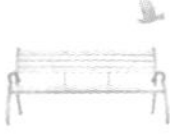

이번에는 경청을 할 때 도움이 되는 '기본적인 언어 대응 기술'에 대해 알려드릴까 합니다. 완화의료에서 사용하는 기법 중 비교적 쉬우면서도 유용하게 사용할 수 있는 것이 바로 '반복'입니다. 상대가 한 말을 적당히 되풀이하는 것을 말합니다.

"이제 너무 힘들어요."
"아… 힘드시군요."

"실연을 당해서 너무 힘들어요. 죽고 싶어요."
"그렇군요… 지금 죽고 싶다고 생각할 만큼 힘드시군요…."

문자로 읽으면 조금 어색하게 느껴질 수 있지만 '반복'은 상대방의 이야기를 내가 있는 그대로 받아들였다는 것을 표시하는 방법입니다. 말을 하는 사람은 상대방이 '내 이야기를 듣고 있다'는 사실을 확인할 수 있게 되지요. 이때 중요한 것은 코멘트 자체가 아니라 이야기에 '반응'하는 것입니다. 이 반응이 상대의 마음을 열고 이야기를 끌어내는 원동력이 됩니다.

그렇다고 반복을 남용해서는 안 됩니다. 대화 자체가 우스꽝스러워질 수 있거든요. 이야기를 시작할 때 몇 번 정도면 적당합니다.

앞서 2장에서 이야기했던 경청의 기술 중 '리액션'을 기억하시나요? 리액션과 반복의 기술에 능숙해지면, 몇십 분 동안 리액션과 반복만 계속해도 상대방이 마음을 열고 자신의 깊은 이야기를 털어놓게 됩니다. 그리고 이러한 경험이 쌓이면 상대방은 자신의 이야기를 정성껏 경청해준 사람을 통해 자신의 내면과 대화하는 느낌을 받게 됩니다. 그것은 곧 치유로 이어집니다.

혹시라도 반복을 단순한 말장난으로 가볍게 생각하지는 않으셨으면 합니다. 의료 현장에서 이 기법은 대답할 수 없는 질문을 받았을 때에 자주 사용되고 있습니다.

"선생님, 저는 이제 죽는 건가요?"

"… 죽을 것이라고 생각하시는군요."
"네."

"저는 앞으로 얼마나 남은 건가요? 이런 상태로 사는 것은 의미가
없어요."
"얼마나 남았을지 걱정하고 계시군요. 이런 상태로 사는 것은 의
미가 없다고…."
"네, 너무 불안하고 고통스러워요."

이렇게 저희 완화의료팀은 대답을 하는 대신 그의 말을 자연스럽
게 반복합니다. 그러면 잠시 뒤 질문한 환자 자신이 다시 말을 이
어가곤 합니다.
"제가 지금 상태가 이렇게 안 좋잖아요. 그러니 그런 생각이 들 수
밖에요."

자신이 던진 질문에 스스로 대답을 하는 것이지요. 만약 환자가
더 이상 말을 잇지 않는다면 의사가 "왜 그렇게 생각하시나요?"라
고 조심스럽게 물어보면서 환자가 스스로 답을 하도록 자연스럽
게 대화를 이어갑니다.
"그렇지 않아요! 누구에게나 삶의 의미는 있는 법입니다. 힘을 내

세요!" 하는 식으로 즉시 대답하면 대화는 거기서 끝이 나고 말겠지요. 적절한 반복은 대화가 이어지게 하고 상대방으로 하여금 좀 더 깊은 내면을 바라볼 수 있게 해줍니다. 그리고 이를 통해 자신이 던진 질문에 스스로 답을 할 수 있는 기회를 줍니다.

실제로 해보지 않으면 반복의 효과를 실감하기 어렵습니다. 반드시 실천해보고 자기만의 방식으로 자연스러운 반복의 기법을 만들어보시기 바랍니다. 대답하기 어려운 질문을 만났을 때 분명 유용하게 사용할 수 있을 것입니다.

상대방의 마음 정리하기

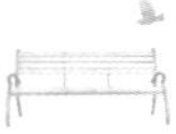

이야기가 어느 정도 깊이 있게 진행되고 있다면, 대화 중간중간 상대방이 한 말들을 정리할 수 있어야 합니다. 이제까지 들은 이야기를 짧게 '요약'하고 핵심 부분을 '구체적이고 명확한 다른 말로 바꿔 전달'할 줄 알아야 대화의 내용이 중구난방으로 흩어지지 않습니다. 이것을 완화의료에서는 '요약과 명확화의 기술'이라고 합니다.

예를 들어 아내와 사별한 환자가 있습니다. 그는 지난해 아내를 떠나보낸 후 외로움을 이기지 못해 아침, 저녁으로 아내 생각만 하며 무기력한 생활을 이어갔습니다. 그러다 보니 여기저기 아픈 데도 많고 연말에는 감기까지 걸리는 등 안 좋은 일만 가득했던 1년을 보냈습니다. 그런데 새해가 되어도 무거운 마음은 여전합니다. 가슴은 답답하고 일상은 괴롭습니다. 계속 마음이 개운하지 못하다는 이야기를 30분 정도 들었습니다. 그러면 이쯤에서 환자가 겪고 있는 문제를 제가 한번 정리해줍니다.

"지금 환자분이 겪고 있는 다양한 고통의 원인은 역시 아내분께서 먼저 세상을 떠나셔서 마음이 괴롭기 때문이군요."

제3자가 보기에는 단순하고 명확한 것이라고 해도 고통 받는 사람 자신은 객관적으로 문제를 보지 못하는 경우가 많습니다. 그러니 상황 정리도, 마음 정리도 쉽지 않습니다.
여러 가지 고통을 호소할 때에도 일목요연하게 정리가 되지 않아 두서없이 이야기를 털어놓습니다. 이야기가 곁가지로 새는 것도 다반사입니다. 결국 정신을 차려 보면 자신이 무슨 이야기를 하고 있는지도 모릅니다. 그래서 경청하는 이가 중간중간 말하는 사람의 이야기를 정리해주어야 합니다.

"그렇다면 선생님께서 힘들어하시는 원인은 ○과 ×과 △이군요. 그중 가장 견디기 힘든 것은 ○라고 생각해도 될까요?"

이렇게 요약하고 질문하면서 지금까지의 이야기를 정리해주세요. 말하는 사람 본인도 자신이 하고 싶은 이야기가 무엇인지 잘 파악할 수 없을 때, 그것을 경청하는 사람이 대신 파악하고 표현해주는 것입니다. 이때 경청하는 사람이 모호한 문제를 '다른 구체적인 단어'로 표현해주면 이야기의 의미가 더욱 명확해집니다. 이것이 바로 '명확화'입니다. 이를 테면 아래와 같은 경우입니다.

"아내가 살아 있을 때는 무슨 일을 해도 꼭 둘이서 같이 했거든요. 원래 독신 경험도 길지 않았고. 지금은 말할 사람도 없어요. 아, 어쩌다 이렇게 됐을까요. 모르겠어요. 뭐가 잘못된 걸까요? 어제도 술을 엄청 먹었어요. 혼자 만취했죠. 친구들을 불렀는데 다들 바쁘다고 해서… 아, 뭔지 모르게 힘드네요."
"혼자여서 외롭고 힘드시군요. 고독하다는 것이 가장 마음 쓰이시는 건가요?"

상대방이 지금까지 두서없이 한 이야기를 간단하게 요약하고 '고독'이라는 말로 명확화한 것입니다. 이때 일방적으로 단정하거나 듣는 사람이 기분 상하지 않도록 세심하게 주의를 기울여야 합니다. 아래와 같은 대답은 좋지 않은 예라고 할 수 있습니다.

"아내가 살아 있을 때는 무슨 일을 해도 꼭 둘이서 같이 했거든요. 원래 독신 경험도 길지 않았고. 지금은 말할 사람도 없어요. 아, 어쩌다 이렇게 됐을까요. 모르겠어요. 뭐가 잘못된 걸까요? 어제도 술을 엄청 먹었어요. 혼자 만취했죠. 친구들을 불렀는데 다들 바쁘다고 해서… 아, 뭔지 모르게 힘드네요."

"가장 큰 문제는 친구가 없다는 것이군요."

(문제를 제대로 파악하지 못했음)

"그야 사람은 원래 고독한 존재이니까요." (일방적인 단정 1)

"아! (한숨을 쉬며) 고독하시군요!" (일방적인 단정 2)

상대의 문제를 제대로 파악해 고통의 원인들을 요약하고 근본적인 이유를 명확화해주면 말하는 사람은 '아, 이 사람은 내 고통을 알아주는구나!' 하고 안도하게 됩니다. 그리고 "덕분에 원인을 찾게 되었습니다!" 하고 고마워하면서 더 깊은 이야기를 터놓게 되고 힘을 내어 답을 찾게 됩니다.

'상대방의 마음 정리하기'는 사실 누구나 쉽게 할 수 있는 것은 아닙니다. 의료 현장에서 사용하는 기법인 만큼 전문성과 경험이 필요하기는 합니다. 상대방이 고통의 원인을 스스로 충분히 인식하고 있는 경우라면 오히려 명확화를 하지 않는 것이 도움이 될 때도 있습니다. 고통의 원인이 이미 밝혀진 상황인데도 불구하고, 이야기를 듣는 사람이 다시 한 번 고통의 원인을 명확화 해서 이야기하면 상대방은 다시금 고통과 직면하고 괴로워하게 됩니다. 상처를 해결하기 위해 고통의 원인을 파악하는 것이 아니라, 고통의 원인을 강조해 더욱 상처 받게 만드는 상황이 되는 것이지요. 그러니 상대방이 이미 원인을 알고 있는 경우라면 굳이 명확화의 기술은 사용할 필요가 없습니다.

이렇게 명확화 기법은 반복 기법과 비교하면 결코 간단하지 않고, 경우에 따라 역효과를 내기도 하므로 조심해서 사용해야 합니다. 하지만 유효하게 사용할 수만 있다면 무척 근사한 기술입니다. 경청하는 일이 이제 좀 익숙해진 분들에게 권해드리고 싶습니다. 일상의 대화에서도 적용해보면 많은 도움이 되실 겁니다.

훌륭한 경청자들의 비밀

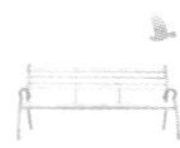

요약과 명확화 외에 '반영', '정당화', '개인적인 지원', '협력 관계 표현', '존중' 등의 기법을 알아두는 것도 유용합니다. 의료 분야에서 사용하는 용어들이라 다소 딱딱하게 들리겠지만, 개념만 이해해두면 일상에서 실천하기는 그리 어렵지 않습니다. 사실 이미 체득하고 계신 분들도 많으리라 생각합니다.

반영 : 상대방에게 느낀 감정을 그대로 표현하는 것. "괴로우셨군요."

정당화 : 상대방의 감정을 이해하고 그것이 타당하다는 사실을 표현하는 것. "그렇게 생각하시는 것도 당연하지요."

개인적인 지원 : 상대방을 지지, 지원하고 싶다는 마음을 표현하는

것. "부디 ○○씨의 고통을 덜어드릴 수 있도록 제가 도움이 되었으면 합니다."

협력 관계 표현 : 함께 고통에 대응하자는 마음을 표현하는 것. "대화를 통해서 함께 고통을 이겨나갑시다."

존중 : 상대방의 대응을 존중한다는 사실을 표현하는 것. "그렇게 긍정적으로 보신다니 대단하세요."

덧붙여 '3S'와 'SOS'도 소개드리고 싶습니다. 사이타마 의과대학 호흡기 외과의이자 임상 현장의 커뮤니케이션 달인이라 불리는 기가 마사토시儀賀理曉 선생은 '3S' 혹은 'SOS'를 자주 사용하면 커뮤니케이션에 굉장히 효과적이라고 말합니다. 일본어 발음을 기준으로 한 것인데, 내용만 이해해둔다면 어떤 언어로든 적용하는 데 어렵지 않을 것입니다.

3S

스고이(すごい) : 굉장합니다!

스바라시(すばらしい) : 훌륭합니다!

사스가데스네(さすがですね) : 과연 대단하십니다!

SOS

스바라시(すばらしい) : 훌륭합니다!

오도로키마시다(驚きました) : 깜짝 놀랐습니다!

스고이(すごい) 혹은 사스가데스네(さすがですね) : 굉장합니다! 과연 대단하십니다!

훌륭한 경청자들을 옆에서 지켜보고 있으면 재미있을 정도로 이 말들을 잘 사용합니다. 그리고 이를 통해 경청의 과정을 유연하게 이끌어 갑니다.

"굉장하군요."
"훌륭하네요."
"대단해요."

이런 말은 누구나 쉽게 할 수 있습니다. 전혀 어렵지가 않지요. 하지만 커뮤니케이션 달인의 비법은 바로 이런 사소한 것에 있습니다. 여러분도 오늘부터 대화 중에 한번 말해보세요. 자주 사용하다 보면 여러분의 감성도 풍부해질 것입니다. 그리고 여러분 앞에 있는 그 사람의 반응도 분명 달라질 것입니다. 인생의 비밀은 대부분 사소한 것에 있습니다.

조금 더 깊게 한 발 더

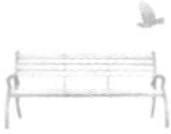

마지막으로 경청의 깊이를 더욱 깊게 해주는 포인트를 하나 더 말씀드릴까 합니다. 이것 역시 초보자보다는 경청에 어느 정도 익숙해진 분들에게 귀띔하는 내용입니다. 이야기를 들을 때 다음과 같은 내용을 염두에 두면서 귀를 기울여보세요.

첫째, 상대방은 지금 자신의 고통을 어떻게 해석하고 있는가?
둘째, 지금까지의 고난들에 어떻게 대응했는가?

문제를 겪고 있는 당사자가 현재의 고통을 어떻게 파악하고 있는지 알아보세요. 이때 중요한 것은 당사자가 무엇 때문에 괴로워하

고 있는지, 가능한 한 본인에게 직접 들어야 한다는 것입니다. 이
야기를 듣는 사람이 섣불리 예측하다 보면 실제와는 다르게 문제
를 바라보게 되는 경우가 적지 않습니다. 예를 들면 이런 경우입
니다. 괄호 속의 말은 경청자의 속마음입니다.

"요즘 마음이 편하지가 않아요."
"그러시군요. 왜 그렇다고 생각하시나요?"
(1년 전에 아들을 잃었으니 당연하지…)
"최근 겪은 일 때문에 그런 것 같아요. 사업이 크게 실패해서 손해
를 많이 봤거든요." (앗, 그랬었군!)

"(코를 훌쩍이며) 오늘 아침부터 힘들었어요."
"힘드셨군요." (감기 때문인가?)
"사려고 했던 아이스크림이 다 팔렸더라고요!"
"아, 그러셨어요." (그거였군!)

이야기를 듣는 사람이 실제와는 다르게 예측해 일방적으로 말을
해버리면 대화의 맥은 금세 끊어지고 맙니다. 그러면 깊이 있는
이야기는 더 이상 나올 수 없겠지요.

"(코를 훌쩍이며) 오늘 아침부터 힘들었어요."

"감기에 걸리셨죠? 늦게 주무셨군요."

"네? 아닌데요!"

그러니 고통에 대한 해석은 상대방의 입으로 듣는 것이 중요합니다. "그때 마음이 어떠셨어요?", "왜 그렇게 느끼시나요?" 같은 질문을 통하면 착오를 줄일 수 있습니다. 성급하게 단정하지 말고, 가능한 한 상대방이 직접 말을 하도록 대화를 이끌어가는 것이 좋습니다.

위에서 언급한 두 번째 질문 "지금까지의 고난들에 어떻게 대응했는가?"도 무척 유용합니다. 상대방이 과거의 고통에 어떻게 대응했는지를 알면, 다른 고통에 대응하는 방법을 찾고자 할 때 힌트를 얻을 수 있습니다.

매번 "정면 승부하여 이겼습니다"라고 말하는 사람과 "그냥 쉽게 생각하기로 했어요"라고 말하는 사람이 있다고 가정합시다. 이들이 현재의 고통을 마주하는 방법은 다를 수밖에 없습니다. 과거의 대응법을 파악하면 현재의 고통에 어떻게 대응할 것인지도 예상할 수 있을 것입니다.

이러한 정보가 경청을 할 때 상당히 도움이 됩니다. 이외에도 가

족이나 일 등 사회적인 배경, 지금의 기분이나 정신 상태 등도 해
결책을 찾을 때 지름길을 알려줄 것입니다.

사람에 따라 힘이 되는 요소도, 해결책도 달라지기 마련입니다. 상
대방에게 보다 적합한 답을 찾으려면 좀 더 깊게 문제를 바라보고
귀를 기울이는 것이 중요합니다. 여기에서 ‘상대방’을 ‘자신’으로
바꿔도 마찬가지이고 말이지요.

추억속에서
답을 찾다

이제 저희 완화의료팀과 환자들이 실제로 나눈 치료적 대화들을 소개할까 합니다. 이 사례들을 보면서 이제까지 말씀드린 내용들을 한번 정리해보세요. 그저 평범한 일상의 대화처럼 보일 수 있지만, 자세히 보면 치유를 위한 주요 포인트들이 숨어 있습니다.

우선 60대 여성 말기 암 환자 요시에(가명) 씨와 나눈 대화들입니다. 며칠에 걸쳐 이어지는 이야기의 흐름을 한번 찬찬히 따라가보시기 바랍니다. 경청의 과정을 이해하는 데 도움이 될 것입니다.

△월 △일, 요시에 씨가 간호사에게 한 이야기들

"저는 부모님 두 분이 아프실 때 제가 직접 간호를 해드렸어요. 특히 어머니는 무척 가까이서 꽤 오랫동안 간호를 했어요. 아버지는 돌아가시기 전 하루만 돌봐드렸지만요."

"퇴원이요? 부모님이 아프셨을 때는 저도 그렇고 형제자매들이 다 자란 뒤여서 스스로 생활할 수 있었거든요. 하지만 제 딸아이는 아직 어리잖아요. 제가 경험해보니, 아이들 돌봐가면서 부모님까지 간호하기가 쉽지 않더라고요. 전 딸아이에게 부담 주고 싶지 않아요. 딸아이는 잘할 수 있다고 하지만 안 해봐서 그렇게 말하는 거예요. 무엇보다 경험자인 제가 내키지 않아요."

"게다가 퇴원을 하면 갑자기 아플 때 병원에서처럼 의사나 간호사가 바로 와줄 수 없잖아요. 저는 고통 없이 떠나고 싶어요. 고통스러워하는 모습을 딸아이에게 보여주고 싶지 않아요. 그래서 퇴원하고 싶지 않아요."

△월 △일로부터 하루 뒤

어제 간호사에게 "퇴원하고 싶지 않다"는 의사를 밝힌 요시에 씨. 그 다음 날에도 여전히 저에게 퇴원에 대한 불안감을 전했습니다. 퇴원 후 병세가 갑작스레 악화될 상황을 가장 걱정하고 있었습니다. 저는 응급 상황을 잘 대비해두면 그렇게 걱정하지 않아도 된다고 일러주었지만 그녀는 여전히 불안해했습니다.

"요시에 씨, 정 퇴원하기 싫으면 무리하실 필요는 없어요."
"아니요, 그런 것은 아니에요. 저도 웬만하면 집에 있는 게 좋지요. 다만… 저도 예전에 부모님이 병상에 계셨던 경험이 있어서… 제 본가는 A시市예요. 아버지와 어머니도 거기서 간호했어요. 아버지는 입원과 퇴원을 반복하시다가 말기 선고를 받은 지 하루 만에 돌아가셨어요. 어머니는 4개월이었나… 그때 너무 힘들었던 기억이 있기 때문에 딸에게 같은 부담을 주고 싶지 않아요."
갑작스러운 병세 악화 외에 그녀가 걱정하고 있는 것은 '딸에게 부담이 되지 않을까' 하는 것이었습니다.

"본가가 A시에 있으시군요."
"네. A시요. 어머니 본가는 B시였어요."
우리는 잠시 B시에 대해 이야기를 나누었습니다.

"제가 재택 요양을 할지 말지 결정해야 한다고 생각하면… 요새 흐름은 재택 요양을 많이 하는 것 같기는 하던데… 저는… 마음을 정할 수가 없네요. 갑자기 이런 상황이 되어버려서… 예전에는 이런 일을 하고 싶다, 앞으로 인생을 이렇게 살고 싶다는 꿈이 여러 가지 있었는데… 지금은 너무 갑작스러워요. 다음이 없다는 사실 말이에요.”

“무리하게 결정하지 않으셔도 돼요. 하지만 집에 돌아가고 싶은 마음이 조금이라도 있으면 아무래도 집에서 지내시는 게 좋을 거예요. 병원에 있으면 갑작스러운 상황에 일찍 대응할 수 있어 안심은 되시겠지만, 그래도 집에 계시면 마음도 편안하고 본인의 상태에 따라 자유롭게 지낼 수 있는 이점이 있거든요. 지금은 퇴원이 가능하신 상태이니 집에 돌아가서 하고 싶은 일을 하시는 것도 방법이 될 것 같습니다.”

요시에 씨는 퇴원과 앞으로의 일에 대해 불안해했습니다. 저는 그점을 경청했습니다. 병원 스태프들이 함께 귀를 기울여주었기 때문인지, 이야기를 하면서 요시에 씨의 표정은 조금씩 더 좋아졌습니다. 스피리추얼 페인도 살짝 보였고, 가족에 대한 걱정도 깊어 보였습니다. 계속해서 그녀의 이야기를 경청해가며 위안의 방법을 모색해보기로 했습니다.

△월 △일로부터 이틀 뒤

이날은 요시에 씨의 요청에 따라 증상 이야기는 하지 않고 요시에 씨의 고향인 C현 이야기를 했습니다. C현의 지금 모습, 특산품, 언어, 자연, 철도, 현지민들의 특징 등에 관해 한참 이야기를 나누었습니다. "저도 C현에 연고가 있어요"라고 하니 더 재미있게 듣는 것 같았습니다.

제가 유년기에 A시에 거주했을 때의 추억과 은사에 대해 이야기를 했고, 제가 의사가 된 계기도 들려주었습니다. 마침 오늘은 4살배기 손녀도 왔습니다. 덕분에 요시에 씨의 표정이 무척 밝았고 자주 웃었습니다. 그러다 그녀가 부드럽게 웃는 얼굴로 이런 말을 합니다.

"선생님, 마지막은 한참 뒤에나 올 줄 알았어요. 앞으로 하고 싶은 일들을 여러 가지 생각하고 있었는데…."

요시에 씨는 저와 고향 이야기를 나누면서 그녀 나름대로 지금까지 살아온 길을 되짚어 보았을 것입니다. 이것이 바로 라이프 리뷰입니다. 손녀도 찾아오는 등 가족 간의 유대가 강화되어 가는 듯 보이긴 했지만, 오늘도 역시 시간적 존재로서의 흔들림이 느껴졌습니다. 본인이 생각한 인생의 마지막과 지금은 많이 다른 모양이었습니다. 현재의 상황에서 가장 좋은 시간을 보낼 수 있도록 최선의 치료 방법을 찾아야겠다고 생각했습니다.

△월 △일로부터 사흘 뒤

이날도 C현 이야기가 대화의 중심이었습니다. 이따금 의료적인 이야기도 조금씩 했습니다.

"선생님, 이제 주사를 안 맞고 있는데 괜찮은 건지 불안하네요."

"좋아지고 있는 겁니다. 나쁜 일은 아니에요."

"그렇군요. 병동 간호사분들이나 담당 의사 선생님 모두가 친절하게 대해주셔서 마음이 든든해요."

△월 △일로부터 8일 후

"선생님, 몸 상태가 변함이 없네요. 계속 나른해요. 퇴원하면 다시 아플까 봐 걱정이 돼요. 혹시 아프게 되면 잠은 잘 수 있을까요?"

"집에서나 병원에서나 고통을 줄이는 치료는 계속할 테니 걱정하지 마세요."

"수면 상태에서 고통 완화 치료를 받을 수도 있다던데…."

"심해지면 그런 방법도 있으니 걱정하지 마세요. 지금 상태로는 수명이 더 줄어든다거나 그런 일은 없습니다. 정말 힘들 경우에는 잠든 상태에서 치료를 하는 방법도 있습니다."

"그렇군요. 안심이네요. 퇴원했다가 다시 입원하게 되더라도 지금 있는 병실에 입원하면 좋겠어요. 그런데… 선생님은 어떤 취미를 갖고 계신가요?"

그리고 요시에 씨와 저는 취미 이야기를 했습니다. 요시에 씨의 취미는 독서와 음악 감상. 독서는 옛날부터 좋아해서 병원에 있는 동안 삶과 죽음에 관한 책을 읽으며 여러 가지 생각을 했다고 합니다. 그녀의 남편은 음악을 무척 좋아했다고 했습니다. 전에는 남편이 퇴근하고 돌아오면 잠들기 전까지 줄곧 음악을 틀어놓고 지냈다고 하네요. 가족들도 각자 다룰 줄 아는 악기가 있어서 함께 합주를 한 적도 있다고 합니다.

"하지만 남편이 세상을 떠난 후에는 남편 생각이 나서 음악을 듣지 않게 되었어요. 하지만… 이번에 집에 돌아가면 예전에 듣던 음악들을 다시 들어보면 좋을 것 같아요."

"그럴지도 모르겠네요" 하고 제가 웃으며 대답했습니다.

음악 이야기를 하는 동안 요시에 씨의 표정은 무척 밝았습니다. 전반적으로 웃는 횟수도 늘었습니다. 남편과의 추억이 있어서인지 클래식 음악 이야기는 좋은 화제가 되었습니다. 곁에서 이야기를 듣고 있던 딸도 여러 방면에서 어머니를 배려한다는 느낌을 받았습니다. 저는 이날 환자와 환자 가족의 생활의 질을 높이는 방법 중 하나로, 지속적으로 대화를 하며 음악에 대한 이야기를 나누어야겠다고 생각했습니다.

△월 △일로부터 10일 후

요시에 씨가 지금 사는 집으로 이사했을 때의 이야기, 결혼 전 공부한 것들에 대한 이야기, 형제자매나 어린 시절 놀이 등에 대해 이야기했습니다. 그리고 대화를 마칠 무렵 그녀가 말합니다.

"선생님, 저… 퇴원해볼까 합니다."

△월 △일로부터 14일 후, 퇴원

"집에서 다시 차분히 음악을 들어보려고요."

병원을 나서는 요시에 씨가 웃는 얼굴로 이야기했습니다.

집으로 돌아간 그녀는 무척 평화롭게 지냈다고 합니다. 가족들과 음악을 들으며 남편과의 추억을 이야기하고, 손녀들도 함께 음악을 들으며 여유로운 시간을 보내다 세상을 떠났습니다.

이 에피소드의 처음을 기억하시지요?

요시에 씨는 본래 퇴원을 거부했습니다. '병원 밖에서 고통스러운 증상이 나타나면 어떡하나' 하는 불안도 있었지만, 실은 본인이 부모님을 간호했을 때 힘들었던 기억 때문에 딸에게 같은 부담을 주기 싫었던 것입니다.

그래도 본심은 집에 돌아가고 싶었을 것입니다. 병원에서 생활하는 것이 안심은 되겠지만 24시간을 병과 마주해야 하는 생활, 자신의 의지와 상관없이 늘 병을 의식하며 지내야 하는 생활은 그녀에게도 적지 않은 스트레스가 됐을 테니까요.

하지만 며칠에 걸쳐 그녀와 인생 이야기를 나누는 동안 그녀 안에 변화가 생겼습니다. 그녀에게 '음악'은 남편의 죽음을 떠올리게 하는 슬픈 것, 그래서 피하고 싶은 것이었지만 어느 순간 남편과의 사랑과 추억을 떠올리게 하는 애틋한 매개체로 바뀌었습니다. 결국 음악을 다시 가까이 하게 되면서 사별의 상처를 회복하게 되었고 음악과 함께 가족들과의 유대감을 느끼며 마지막 시간을 편안하게 보냈습니다.

결국 퇴원을 하겠다고 한 것도, 음악을 다시 대면하겠다는 마음을 먹은 것도, 모두 그녀 자신의 결정입니다. 이렇게 답은 스스로 내리는 것입니다. 하지만 그 결심에 이르기까지 오고 갔던 여러 대화와 사색의 시간 동안 그녀는 혼자가 아니었습니다. 이것이 바로 경청의 과정입니다.

인생을 돌아보며
의미를 발견하다

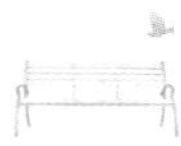

이번에는 60대 여성 환자 야마키 씨(가명)의 사례를 들어보겠습니다. 그녀는 직장암 환자입니다. 몇 년 전 치료했던 암이 재발해서 다시 입원했습니다. 여러 치료법을 써봤지만 병세가 계속 진행되어 결국 말기가 되었습니다. 암 주치의와 함께 저도 치료에 참여했습니다. 야마키 씨와 나눈 이야기들을 한번 들여다보세요. 의료 현장에서 나눈 대화들이지만, 일상생활에도 충분히 적용 가능할 것입니다.

5월 11일 야마키 씨가 한 말들

주치의에게

"이제 아프지 않게 좀 끝내 주세요." (농담조로)

병실 담당 간호사에게

"드디어 이 병원에 왔네요. 익숙한 간호사라 안심이 돼요. 전에 있던 병원 사람들은 어찌나 힘들게 하고 말도 막 하던지…. 그러면 안 되지. 전 앞으로 얼마 안 남았으니까 2인실이 좋겠어요."

완화의료팀 간호사에게

"이렇게 이야기를 하면 마음이 가벼워져요. 그래서 아픈 것도 잊게 돼요. 역시 즐겁게 이야기하는 게 중요한가 봐요. 말을 걸어주고 찾아주는 사람도 있어서 마음이 통하는 느낌이에요."

야간 근무 간호사에게

"딸, 아들 모두 집에 돌아갔어요. 번거로운 점도 있지만 와주면 활기가 생겨요. 하지만 가끔씩 만나는 것은 좋은데 매일 오면 힘들 것 같아요. 슬슬 자야지요. 밤이 길어요."

5월 12일 야마키 씨와 완화의료팀의 대화

"야마키 씨, 저희 병원에 오셔서 다행이에요."

"그러게요. 아주 느긋하게 지내고 있어요. 잠도 잘 자고."

"며칠 잘 못 주무셨나 봐요."

"네."

"식사는 어떠세요?"

"그게… 안 먹게 되네요. 변을 못 봐서 그런지… 장폐색인가 봐요. 배 마사지를 해야 해요. 정말 입맛이 없어요. 저야 이제 어떻게 되든 뭐… 꿈도 희망도 없는데… 다른 사람에게 폐나 끼치지 않고 떠나면 좋겠어요. 그래도 젤리나 푸딩 정도는 먹고 싶어요."

"즐거운 일이나 맛있는 것을 떠올려보세요."

"네. 마음속으로라도 그런 생각을 해야죠. 즐겁게 있고 싶어요."

"병원도 옮기셨으니 마음 편히 계세요."

"네, 그래야지요."

대화 속에서 스피리추얼 페인이 표현된 것을 알아차리셨나요? 그녀에겐 지금 미래가 희박하다는 것을 알 수 있습니다.

5월 13일 완화치료팀 간호사에게

"이 병동에 오니까 전혀 아프지가 않아요. 진통제도 안 먹고요. 신기하네요. 화장실만 좀 가게 되면 좋겠는데… 그러면 젤리도 먹을 수 있을 텐데요. 오늘은 홋카이도에서 오빠가 와요. 제 고향이 홋카이도 오타루거든요.”

야마키 씨의 말 속에서 환경이 바뀌면서 고통이 줄어들었다는 것이 표현되었습니다. 친오빠의 방문을 계기로 홋카이도가 고향이라는 것도 처음 이야기했네요.

5월 16일 완화의료팀과의 대화

“선생님, 너무 힘들어요. 어떻게 해야 할지 모르겠어요. 몸에는 아픈 곳이 없는데.”

“마음이 힘들다는 말씀이세요?”

“그다지 무서운 것은 아닌데… 제가 어떻게 해야 할지 모르겠어요. 어떻게 해야 하죠?”

“혹시 마음이 불안해서 잠을 못 이루는 것이라면 수면제를 조금 드릴까요?”

“하지만 전에 그걸 먹고 너무 많이 잤던 것을 생각하면 먹고 싶지 않아요. 오늘은 좀 쉴게요.”

야마키 씨의 말 속에서 앞으로 거취에 대한 곤혹스러움이 느껴집니다. 멀지 않은 죽음을 인식하고 있습니다. 다가오는 죽음에 대해 자신이 어떻게 대응해야 좋을지 알 수 없는 데서 오는 불안과 당혹감이 느껴집니다. 여기에 효과적인 대응 방법은 없습니다. 그녀 스스로 대응 방법을 발견할 수 있도록 계속 경청하는 수밖에요.

5월 17일 완화의료팀과의 대화

"야마키 씨, 오늘은 상태가 어떠십니까?"

"안 좋아요. 잠이 와요. 어제 점심 무렵부터 전체적으로 심해졌어요. 어제는 왜 그랬는지 모르겠는데 힘들더라고요. 힘들어서 잠이 안 왔어요. 되도록 일어나 있으려고 했어요. 고통이나 배가 팽팽한 느낌은 별로 없었어요."

현재의 증상들을 말하다 어느새 그녀의 이야기가 시작되었습니다.

"8년 전… 그때는 꽤 건강했어요. 저를 줄곧 봐주셨던 주치의 선생님 덕분에요. 제법 건강하게 지냈어요."

"8년 전이오? 그렇군요."

"네. 이렇게 될 줄은 생각도 못했어요. 정말로요."

"그래도 이렇게나마 계시니 손자들에게는 다행이 아닐까요?"

"그야 그렇지요."

"8년 만에 암이 재발한 것이지요?"

"네. 하지만 어떻게 살아도 의미가 없어요. 봉사활동을 해볼까 싶기도 해요. 뭔가 세상에 도움이 되고 싶어서요."

"그렇군요. 저도 할머니를 무척 좋아했던 아이였어요. 가족들이 보기에는, 특히 손자분들 입장에서는 할머니가 이렇게 계셔주는 것만으로도 기쁜 일일 겁니다."

"그럴지도 모르겠네요."

대화를 할 때 그녀의 표정은 그리 어둡지 않았습니다. 다만 죽음이 가까워오는 가운데 어떻게 지내야 좋을지 모르겠다는 것이 걱정이었습니다. 특히 오늘은 '삶의 의미 상실'이 직접적으로 표현되었습니다. 스피리추얼 페인이지요. 저는 대화를 하며 틈틈이 "이렇게 살아 있는 것만으로도 가족들에게는 기쁜 일이다"라는 메시지를 전달하여 힘을 주고자 했습니다.

5월 22일 완화의료팀과의 대화

"선생님, 아무리 해도 안 되네요. 모두에게 짐이 되는 것 같고….""

"짐이 된다고 생각하세요?"

"네. 누워만 있으니까요."

표정이 밝지 않습니다. 하지만 대화를 이어가면서 점차 미소가 돌아왔습니다. 오늘은 이래저래 계속 가벼운 이야기들을 했습니다.

"오늘은 일찌감치 잘 거예요. 늘 감사합니다, 선생님."

'시간적 존재'의 흔들림은 원래 있었지만 이번에는 '자율적 존재'
의 흔들림도 나타났습니다. 여기에 다른 사람에게 폐를 끼치고 있
다는 허망함도 나타났습니다. 계속 그녀의 이야기를 경청하기로
했습니다.

5월 25일 완화의료팀과의 대화

"(간병이 필요해지자) 모두에게 폐를 끼쳐서… 죄송하네요. 모두 감
사합니다. 선생님께 도움도 못 되어드렸는데."

"왜 도움이 못 됐다고 생각하시나요?"

"제가 이런 상태라… 몸도 마음도 약해서…."

"그래서 도움이 못 됐다고 생각하시나요?"

"네. 죄송해요."

"그렇지 않아요. 야마키 씨는 열심히 건강해지려 하고 있잖아요.
그러니 그렇게 생각하지 마세요."

"그런가요?"

"그럼요. 야마키 씨가 열심히 건강해지려 하고 있다는 것은 모두
가 알고 있습니다. 저희도 아주 잘 알고 있어요."

동석한 완화의료팀 스태프들이 모두 손을 잡아주며 격려했습니다.

"고맙습니다, 모두들. 열심히 해야겠네요."
"무리하지 않으셔도 괜찮아요. 지금처럼 하시면 돼요. 상태가 좋은 날도 있고 나쁜 날도 있고 그런 겁니다. 지금처럼 하시면 돼요."

야마키 씨는 상태가 서서히 악화되고 있었습니다. 그래서 모두에게 폐를 끼친다는 죄책감이 강했습니다. 하지만 그래도 누군가가 곁에 있으면 안심이 되는 모양이었습니다.
저희 완화의료팀은 남은 시간이 길지 않다는 것을 알고 있는 환자가 고독을 느끼지 않도록 하기 위해 더욱 더 세심히 이야기를 들어주고 격려해주었습니다. 고독은 경청을 통해 해소되고 완화될 수 있습니다.

5월 28일 완화의료의에게 한 말들

오늘 진료에서는 야마키 씨 스스로 자신의 이야기를 꺼냈습니다. 아래는 모두 야마키 씨가 한 말들입니다.

"오늘은 괜찮아요. 이따금 숨이 막히는 느낌이 들어서 괴롭지만 잠이 들면 괜찮아요. 병원 스태프분들이 다들 좋으세요. 따뜻한 마음을 가진 사람이 많은 것 같아요. 동정인지 아닌지는 손이 닿았을 때의 느낌으로 알 수 있어요. 따뜻한 사람도 있고 그렇지 않은 사람도 있어요. 저도 너무 힘들 때는 별 소리를 다 하게 돼요. 하지만 모두 따뜻한 마음을 갖고 있는 만큼 그 따뜻함이 더 잘 드러나면 좋겠어요. 말 한마디나 작은 행동에도 마음이 드러나니까요.”

“예를 들면 우리 딸아이가 손자를 꾸짖는 것과 비슷해요. 얼마 전에 손자가 입원을 했어요. 그래서 딸이 엄청 화를 냈지요. 며칠 동안 화만 계속 냈어요. 아이가 다친 것을 숨기고 있었거든요. 저는 손자가 참 불쌍하더라고요. 어린아이를 잘 이끌어주는 것이 부모나 어른의 역할이잖아요. 잘 다독여서 이끌어줘야지요. 병원으로 치면 간호과장이 그런 역할을 해야 하잖아요. 아니면 베테랑 간호사가 하든지요. 윗사람이 어떤 자세를 취하는가가 중요해요. 윗사람이 마음을 다해 간호를 하는 것을 보면 아랫사람도 그것을 닮기 위해 노력하니까요. 역시 윗사람의 자세가 중요해요.”

“시대가 많이 바뀌었어요. 저희 아버지는 오타루에서 철도원을 하셨어요. 제가 어릴 때는 엄격하셨어요. 가부장적인 시절이었지요. 부모님 말씀대로 하지 않으면 안 됐었고, 여자라서 이건 안 돼 저건 안 돼 하는 말을 들으며 자랐어요. 하지만 저는 할 말은 했어요. 그래서 그때 유행했던 댄스홀에 춤을 추러 가거나 여자 친구들끼리 놀러 가기도 했어요. 옛날에는 그런 건 생각도 못 했었거든요.

저희 언니 때는 그런 것들이 인정되지 않았는데, 제 아래 동생들은 그런 것들을 하면서 자랐으니까 제 덕분에 우리 집이 바뀌었다고 말할 수 있지요!"

"얼마 전에 언니가 홋카이도에서 병문안을 왔어요. '집안 분위기 때문에 힘들었지?' 하면서 미안하다고 하더라고요. 저는 그런 가부장적인 분위기가 싫어서 일찍 독립해 집을 떠났거든요. 지금은 그런 생각을 하지 않으니 괜찮다고 말해줬어요."

"인생은 짧으니까 모두가 정말 즐겁게 살면 좋겠어요. 제가 건강해지면 재미있는 일을 많이 할 거예요. 우리나라도 더 나아졌으면 해요. 그런 사회에서 살고 싶어요."

담담하게 웃는 얼굴로 이야기했고 표정은 부드러웠습니다. 라이프 리뷰를 한 것입니다.

묻지 않아도 먼저 그녀가 인생을 돌아보며 이야기를 했습니다. 지금까지의 삶을 총괄하려는 것 같아 저는 조용히 경청했습니다. 그리고 자신이 걸어온 길을 더듬어볼 때 어느 정도 만족하는 것 같았습니다. 특히 좋았던 이야기를 할 때는 표정이 아주 밝았지요. 병원 스태프들의 자상함이 힘이 된다는 말에는 안도감도 느껴졌습니다. 계속해서 성심성의껏 경청하고 곁에 있어주는 것이 야마키 씨에게 힘을 주는 일일 것입니다.

6월 1일 완화의료의에게 한 말들

"자는 시간이 많아졌어요, 정신적으로 좀 둔해진 것이 아닌가 싶어요."(희미하게 웃음)

"다른 부분은 괜찮아요. 이제… 괜찮아요. 정말로 고맙습니다."

6월 4일 영면

마지막 며칠은 정말로 평온한 얼굴로 "고맙습니다"를 반복했습니다. 그리고 야마키 씨는 가족들에게 둘러싸여 조용히 영면을 맞이했습니다.

5월 28일, 라이프 리뷰를 했던 날. 저는 그녀가 지금까지의 삶을 진심으로 기뻐하며 이야기하던 모습을 잊을 수 없습니다. 그녀가 발견한 자신의 이야기는 가부장적인 사회와 싸우며, 여성스럽고 아름다움을 유지하되 소신을 잃지 않고 살아온 삶이 아니었을까요?

그 뒤로는 미래에 대한 불안이나 자신이 주변 사람들에게 도움이 되지 못한다는 죄책감에 괴로워하지 않았습니다. 대신 편안한 표정으로 주변 사람들의 행복을 빌며 감사의 인사를 전하곤 했습니다. 그리고 조용히 그녀는 떠났습니다. 그녀의 이야기를 가만히 경청하던 시간들이 지금도 종종 생각이 나곤 합니다.

늙고 병든 부모님을 곁에 둔 당신에게

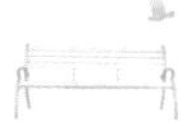

분위기를 조금 바꾸어 에피소드 대신 노래를 한 곡 소개할까 합니다. 〈편지, 사랑하는 아이들에게〉라는 곡입니다. 이 노래의 가사는 늙고 병든 어느 노인이 자신의 아이들에게 전하는 당부로 이루어져 있습니다. 가사를 차근차근 읽어보면 스피리추얼 페인이 표현된 곳을 찾을 수 있을 것입니다. 늙어가는 자신을 바라보는 심경도 잘 드러나 있습니다. 이 노래의 가사를 찬찬히 음미해 보세요. 아마 우리 부모님의 이야기를 경청하는 시간과 다름없으리라 생각합니다.

편지, 사랑하는 아이들에게

원작자: 미상 I 일본어 번역: 스미 치오리角智織 I 작곡: 히구치 료이치桶口了一

늙은 내가 어느 날 지금까지의 나와 다르다고 해도

부디 그대로의 나를 이해해주길 바란다.

내가 옷에 음식을 흘려도 신발 끈 묶는 법을 잊어버려도

네게 많은 것을 가르쳤듯이 나를 지켜봐 주기 바란다.

너와 이야기 나눌 때 같은 말을 여러 번 반복해도

말을 끊지 말고 고개를 끄덕여주기 바란다.

네 부탁에 몇 번이고 읽어주었던 그림책의 따뜻한 결말은 늘 같았지만

한결같이 내 마음을 평화롭게 해주었단다.

슬픈 일은 아니다.

사라져가는 것처럼 보이는 내 마음에도 격려의 눈빛을 보내주길 바란다.

즐거운 한때에 내가 무심코 속옷을 적시거나 목욕하기를 싫어한다면

떠올려주기 바란다.

너를 쫓아다니며 몇 번이고 옷을 갈아입히고

이런저런 이유를 대며 목욕을 피하려는 너와 함께

목욕을 했던 그리운 날들을.

슬픈 일은 아니다.

여행에 앞서 준비를 하고 있는 내게

축복의 기도를 해 주기 바란다.

머지않아 이가 약해져 삼키는 것마저 할 수 없을지 모른다.

다리가 약해져 일어서는 것조차 할 수 없게 된다면

네가 연약한 다리로 일어서려고 내게 도움을 청했듯

비틀거리는 내게 네 손을 내밀어주기 바란다.

내 모습을 보고 슬퍼하거나 네가 무력하다고 생각하지 않기 바란다.

너를 안을 힘이 없다는 사실을 아는 것은 괴롭지만

나를 이해하고 돌보는 마음만 가져주기 바란다.

분명 그것만으로도 그것만으로도

내게 용기가 솟을 것이니까.

네 인생의 시작에 내가 열심히 손을 보탠 것처럼

내 인생의 마지막에 조금 손을 보태어 다오.

네가 태어나줘서 내가 받은 많은 기쁨에

너에 대한 변치 않는 사랑을 담은 웃는 얼굴로 답하고 싶다.

내 아이들에게.

사랑하는 아이들에게.

노래 속의 화자는 지금 미래가 희박하다는 사실을 알고 있고, 여기에 대해 "격려의 눈빛을 보내주길 바란다"라고 작은 부탁을 하고 있습니다.

그렇습니다. 큰 것을 바라는 것이 아닙니다. 부모가 자녀에게 바라는 것 중 첫 번째는 건강하게 지내는 것이라는 설문조사 결과가 있습니다. 무언가 거창한 것을 바라는 것이 아니라, 건강하게 지내며 이따금 소중하게 떠올려주는 것만으로도 충분하다는 마음. 그것이 이 노래에 잘 표현되어 있습니다.

"내가 옷에 음식을 흘려도 신발 끈 묶는 법을 잊어버려도"
"너와 이야기 나눌 때 같은 말을 여러 번 반복해도"
"즐거운 한때에 내가 무심코 속옷을 적시거나"
"다리도 약해져 일어서는 것조차 할 수 없게 된다면"

위와 같은 표현들은 자율적 존재의 소실을 의미합니다. 자신이 머지않아 장래를 잃게 되리라는 예감도 담겨 있습니다. 그러나 거기에 대해서도 완벽한 간호를 바라지 않고 그저 가만히 곁에 있어주기를, 따스한 마음으로 바라봐주기만을 노래하고 있습니다. 사람과 사람 사이의 연결, 부모와 자녀 사이의 연결을 바라는 것입니다. 관계적 존재의 강화입니다.

이 노래에는 슬퍼하지 않기를 바란다는 당부와 긍지도 담겨 있습니다. 그리고 남겨질 사람에 대한 마음도 느껴집니다. 지켜보는 사람이 해야 할 일은 이런 분들의 마음 상태를 인식하고 경청하며 곁에 있어주는 것이겠지요.

이에 관해 잠시 말기치료 전문의로서 드리고 싶은 말씀이 있습니다. 우리는 누구나 부모님의 보살핌을 받고 자랐습니다. 그런데 "집에 돌아가고 싶다"고 부탁하는 부모에게 자녀들이 "그냥 병원에 계세요"라며 말리는 경우를 적지 않게 봅니다. 물론 각자의 사정이 있겠지요. 그러나 시간이 얼마 남지 않은 부모님이 간절히 바란다면 짧은 시간이라도 집에 계시도록 하는 편이 좋다고 생각합니다. "네게 많은 것을 가르쳤던 것처럼", "네 부탁에 몇 번이고 그림책을 읽어주었던 것처럼", "너를 쫓아다니며 몇 번이고 옷을 갈아입히고 이런 저런 이유를 대며 목욕을 피하려는 너와 함께 목욕을 했던 그리운 날처럼", "네가 연약한 다리로 일어서려고 내게 도움을 청했듯" 받은 것의 일부만이라도 부모님께 돌려드리면 좋겠습니다.

자녀들은 부모의 마음을 모릅니다. 그것은 어쩔 수 없지요. 또 가정마다 사연이 있을 것이므로 부모와 사이가 좋지 않은 경우도 얼마든지 있을 수 있습니다.

하지만 가능하면 '여러분의 부모님이 여러분 인생의 시작에 열심히 손을 보탠 것처럼, 그들 인생의 마지막에 여러분도 조금 손을 보태주기를' 바랍니다. 많은 것을 할 필요는 없습니다. 그저 진심을 갖고 그 곁에 머물며 귀를 기울여드리는 것만으로도 아마 그분들은 충분히 행복을 느낄 것입니다.

4장

경청할 때
우리가 고민하는 것들

인생은 생각한 것과는 다르게 흘러가기 일쑤입니다.
경청을 할 때도 마찬가지입니다.
능숙하지 못해 당황하기도 하고
시시때때로 실수를 하기도 합니다.
그래도 괜찮습니다.
조금씩, 한 발 더 나아가면 그것으로 충분하니까요.
이번 장에서는 우리가 경청을 할 때
흔히 마주치는 고민들을 묶어보았습니다.

말주변도 없고
사교성도 없는 나

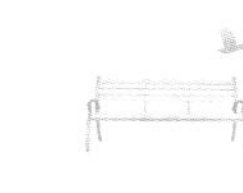

경청에 대해 이야기할 때 제가 가장 많이 받는 질문 중 하나가 바로 "대화를 어떻게 시작해야 하나요?"입니다.

어렵게 생각할 것 없습니다. 일단 날씨나 계절 등 가벼운 화제로 이야기를 시작합니다. 그러다 오늘의 할 일 등을 물어보며 상대방의 현재 상황에 대한 이야기를 이끌어 냅니다. 그 다음에는 상대방의 상태를 파악할 수 있는 다양한 '열린 질문'들을 해보세요. 그러면 꼬리에 꼬리를 물고 대화가 이어집니다.

"지금 가장 신경 쓰이는 게 무엇인가요?"
"어떤 점이 가장 힘드세요?"

일단 말문을 열긴 열었지만 그 다음으로 무슨 이야기를 해야 할지 막막하다는 고민도 많이 듣습니다. 상대방이 스스로 자신의 이야기를 꺼내는 방향으로 대화가 흐르는 게 가장 좋지만 사실 맘처럼 쉽진 않지요. 좀처럼 자신의 이야기를 하지 않는 경우도 흔히 있습니다.

그럴 때는 서두르지 말고 마음을 여유롭게 가지세요. 가벼운 잡담을 하며 친밀감을 먼저 쌓은 후 적당한 시기에 본격적인 대화를 시작하는 것이 좋습니다. 취미라든가 전공이라든가 자신이 잘 아는 분야를 기반으로 화제를 넓혀 나가는 게 가장 쉽습니다. 나의 이야기를 먼저 들려줌으로써 상대방이 마음을 열도록 하는 것도 좋습니다.

작업실이나 병실 등 상대방의 공간에서 이야기를 나눌 경우, 그의 가족사진이 있으면 그냥 지나치지 말고 꼭 대화의 계기로 만들어 보세요. 이것은 저의 비결 중 하나이기도 합니다. 저는 환자의 병실에 가족사진이나 손자의 그림 같은 것이 있으면 반드시 그것에 관해 말을 건넵니다. 환자의 이야기를 들을 수 있는 절호의 기회이기 때문입니다. 사진뿐 아니라 가족에 관해 알 수 있는 아이템이라면 무엇이든 화제로 삼을 수 있습니다.

고향 이야기도 대화를 이어나가기에 더없이 훌륭한 소재이지요. 덕분에 이제 저는 전국을 거의 꿰뚫게 되어서 어느 지방 이야기가 나와도 웬만큼 맞장구를 칠 수 있답니다. 하지만 잊지 마세요. '고향'은 이야기의 시작점이란 것을. 상대에게서 고향 이야기가 나오기 시작하면 여러분은 말을 멈추고 그의 말에 귀를 기울여야 합니다.

"대화 초기의 어색한 분위기를 깨는 것이 너무 어려워요."
이런 고민을 하는 분들은 대개 '나는 말주변이 없다'고 생각하는 경향이 있습니다. 누군가와 대화를 나눈다는 것 자체에 이미 자신감이 없는 사람인 것이죠. 결론부터 말하자면, 말주변 그런 것에 별로 신경 쓸 필요 없습니다.
저는 어떻게 보면 카리스마와는 정반대에 있는 사람입니다. 언변이 유창하지도 않고 첫인상은 어눌한 편에 속합니다. 하지만 수많은 사람들과 이야기를 나누며 '경청의 힘'을 실천하고 있습니다. 경청으로 상대에게 힘을 주는 것은 언변과는 관계가 없습니다.

경청으로 다른 사람에게 힘을 줄 때 중요한 것은, 그 사람의 이야기를 파악하고 그 이야기에 의미를 부여하는 능력이지 나의 이야기를 전하는 능력이 아닙니다. 오히려 화제가 풍부하고 입담이 좋은 사람은 상대방의 이야기를 듣다가 어느새 자신의 이야기에 몰두하게 되어 결국 경청의 과정을 망치는 경우가 허다합니다.

사교성이 부족하다고 말하는 이들에게도 같은 이야기를 드리고 싶습니다. 사교성 그런 것에 너무 신경 쓰지 마세요. 저 역시 그리 사교적인 스타일은 못 됩니다. 다른 사람들과 느릿느릿 친해지는 편이기 때문에 첫 만남에서 친밀감을 주고받는 경우는 거의 없습니다.

하지만 타인과 처음 만나는 자리에서 원활한 관계를 맺지 못한다고 해도 걱정할 필요 없습니다. 지금까지 이 책에서 말씀드린 경청의 마음가짐과 기술을 이해하고 있다면, 천천히 자연스럽게 상대방과 소통하고 결국 그의 인생에 무척이나 중요한 사람이 될 것이니까요. 말주변 부족하고 사교성 좀 없는 것, 그냥 자신의 개성이라고 생각하면 그만입니다.

도움이 되는 좋은 말을
해주고 싶은데

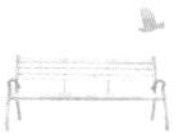

앞에서도 이야기했었지만, 경청하는 대화에서는 '대답'이 크게 중요하지 않습니다. 상대방이 듣기에 좋은 말, 예를 들면 절묘한 조언이나 위로가 되는 말, 상황에 꼭 맞는 격언 등을 늘어놓는 일에 굳이 힘을 쓰지 않아도 괜찮습니다.

경청을 잘하는 사람은 상대방으로부터 힘을 이끌어내는 사람이지 유창한 언변이나 지식을 자랑하는 사람이 아닙니다. 게다가 심신이 건강한 사람의 귀에는 쏙쏙 들어오는 '좋은 말'들이, 힘들어하는 상황에 있는 사람에게는 허공에 흩어지는 소리에 지나지 않는 경우가 많습니다.

혹시 '컵 이론'에 대해 들어본 적 있으신가요? 상대방이 마음의 컵을 비워야 비로소 내 말이 상대방의 컵 안에 들어갈 수 있다는 이론입니다. 의료 현장에서 환자들을 만나다 보면 이 이론을 실감할 때가 많습니다.

경청을 할 때는 마음의 컵을 비우듯이 상대방이 마음에 담아 두었던 말들을 모두 꺼내도록 해야 합니다. 물론 그중에는 부정적인 내용도 포함되어 있겠지만 나중에 눈부신 보석이 될 만한 소중한 이야기도 숨어 있을 것입니다. 그것을 제대로 발견하고 일깨워주면 상대방이 마음에 담아 두었던 응어리가 풀립니다.

그러니 '어떻게 하면 도움이 되는 좋은 말을 해줄 수 있을까?' 하는 고민은 하지 마세요. 딱히 할 말을 찾지 못할 때에는 침묵을 유지하는 편이 좋습니다. 어색한 침묵에서 벗어나려 애쓰기보다 침묵을 있는 그대로 인정하고 가만히 귀를 기울여주세요.

그가 나에게
분노를 쏟아낸다면

고통 받는 사람들은 우울한 감정이 오랫동안 쌓여 있는 경우가 많습니다. 그래서 괴로운 마음에 자기 곁에 있는 사람들에게 날카로운 감정을 분출하기도 하지요. 대화를 나누다 갑작스레 상대방이 나를 향해 분노나 격한 감정을 쏟아낼 때, 어떻게 대처해야 할까요?

"고마워하지는 못할 망정 왜 나에게 화를 내는 거죠? 나는 지금 당신을 도우려 노력하고 있잖아요!"

가장 안 좋은 방법은 이런 식으로 함께 화를 내는 것입니다. 그러면 그 상황은 돌이킬 수 없게 됩니다. 아마 당황한 마음에 울컥하

는 감정이 솟구치겠지만 그래도 그 순간 자신의 마음을 잘 컨트롤
해야 합니다. 일단 상대가 부정적인 감정을 분출하면 그대로 받아
들이는 편이 좋습니다.

그 상황을 한 발짝 떨어져서 관찰자가 된 마음으로 바라보세요.
이렇게 하면 내 감정이 폭발하는 것을 막을 수 있습니다. 듣는 이
가 그 순간 감정에 휩쓸리면 서로의 고통을 더욱 배가시키는 결과
를 가져오게 됩니다. 이럴 때는 3장에서 이야기했던 '정당화', '개
인적 지원', '협력 관계 표현' 등의 기법을 활용해 보는 것도 좋습
니다.

"그렇게 생각하는 것도 당연하지요."
정당화입니다. 상대방의 감정을 이해하고 타당하다고 인식해주고
있습니다.

"○○씨의 고통을 덜어드리는 데 도움이 되고 싶어요. 저는 당신
편입니다."
개인적인 지원입니다. 상대방에게 힘이 되고 싶다는 마음을 표현
했습니다.

"저는 ○○씨와 함께 고통을 없애고 싶어요. 함께 이 고통을 이겨

나가요!"

협력 관계 표현입니다. 함께 협력해 고통에 대응하자는 마음을 전했습니다.

이렇게 상대의 감정을 이해하고 타당하다고 생각해주거나, 내가 상대에게 힘이 되어주고 싶어 한다는 것을 어필해보세요. 함께 힘을 모아 고통을 이겨가자고 이야기해주는 것도 좋습니다. 부드러움을 잃지 않으면서 차분하게 상대방의 가슴에 있는 '분노의 컵'을 비워주세요. 조금 시간이 흐르면 아마 상대방은 다시 안정을 되찾을 것입니다. 만약 이렇게 해도 상대방이 안정을 찾지 못한다면, 조금 더 전문적인 치료가 필요한 상태입니다. 무리하지 말고 전문가를 찾도록 하는 게 좋습니다.

상대방이 나에게 격한 감정을 쏟아내는 일이 생기면, 힘이 빠지고 허무한 마음이 들 수 있습니다.
'그렇게 성심껏 대해줬는데 나를 이렇게 대하다니!'
의료 현장에 있는 저도 이런 생각을 할 때가 적지 않습니다. 하지만 그 순간 상대가 감정을 터뜨린 대상은 내가 아니라 그 사람이 처한 상황 자체입니다. 나라는 존재가 부정당한 것이 아닙니다.
고통 받는 이들의 곁에 머물다보면 이런 순간들이 적지 않게 찾아

올 것입니다. 그럴 때마다 지치지 않으려면 나의 상태를 스스로 점
검하며 자신의 정신 건강을 지키도록 노력하는 것도 중요합니다.
내가 힘이 있어야 상대방에게 힘을 줄 수 있으니까요.

상대방이 나의 말을 오해할 때

"그런 뜻이 아닌데…."

사람들이 나의 의도와는 다르게 내 말을 이해하는 경우가 종종 있지요. '왜 이렇게 말을 못 알아듣는 거지?' 하고 답답한 순간이 아마 한두 번이 아닐 것입니다. 그런데 누구나 알고 있지만 생각보다 쉽게 잊어버리곤 하는 사실이 있습니다. 같은 말이라도 사람마다 가리키는 대상이나 범위가 다르다는 사실입니다.

예를 들어 '열심히 하다'라는 말을 생각해 봅시다. '열심히 하겠다'는 마음을 갖고 임하면 그 자체가 열심히 하는 것이라고 생각하는 사람이 있는가 하면, '내가 가진 힘을 모두 쏟아 부어 필사적으로 노력해야' 열심히 하는 것이라고 생각하는 사람도 있습니다.

만약 전자에게 "열심히 하세요"라고 말했다면 "네, 그래야지요!"라고 흔쾌히 대답하겠지요. 하지만 후자에게 "열심히 하세요"라고 말했다면 "이렇게 열심히 했는데 어떻게 더 열심히 해야 하나요?"라는 답이 돌아올지도 모릅니다.

언어가 규정하는 범위는 사람마다 다릅니다. 그것이 언어의 한계이기도 하지요. 그렇기 때문에 언어뿐 아니라 비언어적, 준언어적 메시지가 중요합니다. 예를 들어 "됐습니다"라는 말의 경우, 문맥이나 말하는 사람의 태도와 몸짓에 따라 긍정도 되고 부정도 됩니다. 같은 말이라도 비언어적, 준언어적 요소로 인해 정반대의 의미가 되는 것입니다.

그렇기 때문에 간단한 단어만으로 감정을 공유하는 일은 어렵습니다. 하지만 단어가 이어져 '이야기'가 된다면, 그 이야기에는 흐름과 배경이 있기 때문에 단발적인 언어에 비해 감정을 공유하기가 쉽습니다.

제가 언어의 한계를 절실히 느낀 때 중 하나가 바로 전작《죽을 때 후회하는 스물다섯 가지》를 쓰기 위해 환자들을 취재할 때였습니다. 나중에 취재 자료를 정리해 원고로 엮어내는 과정에서 저는 놀라지 않을 수 없었습니다. 환자들을 만나 1~2시간가량 대화를 나누면서 저와 동석한 사람들 모두 "잘 알았습니다"라고 고개를 끄덕이며 이야기를 경청했습니다. 그런데 돌아와서 이야기를 나누어보니 같은 말을 서로 전혀 다르게 이해한 경우가 적지 않았습니다. '사람마다 이렇게 생각이 다르구나!'라고 새삼 느꼈던 순간이었습니다.

의료 현장에서도 다르지 않습니다. 환자나 가족, 그리고 의료관계자가 겪는 거의 모든 갈등은 같은 말을 다르게 해석하기 때문에 벌어집니다. 아무리 유능한 작가가 저를 인터뷰 한다고 해도, 제가 의도한 바를 그대로 문장으로 옮기기는 어려울 것입니다. 당연합니다. 글을 쓰는 사람의 주관이 들어가기 마련이니까요. 마찬가지입니다. 같은 장소에서 동일한 말을 듣는다고 해도, 듣는 사람에 따라 이야기는 다르게 받아들여집니다. 듣는 사람의 주관이나 경험치, 평소 철학 등 다양한 요소들이 이야기의 해석에 영향을 주겠지요. 그러니 말로 생각을 표현하고 감정을 공유하는 것은 결코 쉬운 일이 아닙니다. 그렇기 때문에 우리는 말이 지닌 특성에 민감해져야 합니다. 그러기 위해서는 어떻게 해야 할까요?

"그 사람은 매번 제가 한 말을 오해하더라고요."

이렇게 말하는 사람은 아마도 상대방에게 자신의 의도를 충분히 설명하지 못했을 것입니다. 이럴 때는 오해가 생기지 않도록 설명을 보충해야 합니다.

의료 현장에서 종종 오해를 사는 말은 "좋아졌습니다"라는 말입니다. 환자는 이 말을 "병이 나았습니다"라고 받아들입니다. 당연하지요. 그러나 의사들은 "전보다 상태가 좋아졌지만 완전히 나은 것은 아닙니다"라는 의미로 이야기할 때도 많습니다. 둘 중 어느 쪽인지 분명히 표현하지 않으면 의미를 알 수 없습니다. 여기서 '분명히 표현한다'는 것은 상대방의 심정을 배려하지 않고 무조건 직설적으로 말하는 것이 아니라, 상대가 이해하기 쉬운 말로 본래 의도를 최대한 전해야 한다는 뜻입니다.

말을 할 때 어떤 단어를 선택할 것인지도 중요합니다. 직접적인 의미의 단어를 너무 많이 사용하면 오히려 의미 전달에 방해가 됩니다. 본래 의미를 그대로 담되 상대를 배려하는 표현으로 바꿔 말하는 것이 좋습니다. 그래야 소통이 원활해집니다.
예를 들어 암 선고를 받은 환자에게 정확한 의미 전달을 위해서 '암'이라는 단어를 계속해서 사용하면 오히려 의미를 전달하기가 어렵습니다. 환자에게 거부감을 주고 불안감을 증폭시키는 '암'이라는 단어가 환자에게 부정적인 감정을 심어주기 때문에 그는 대화에 동참하지 않고 마음의 문을 닫아버립니다. 이런 상태에서 대화를 이어가다보면 나의 의도와는 다르게 상대가 오해를 하는 경우가 종종 생깁니다. 이 경우 '종양' 또는는 '○○씨의 병'이라는 말로 살짝 돌려 표현하면 커뮤니케이션이 훨씬 부드러워집니다.

여러분이 제게 이런 고민을 털어놓았다고 생각해 봅시다.
"요즘 아이 건강도 안 좋고, 남편 월급도 줄어드는 데다 친정 부모님 간호도 해야 해서 힘들어요."
이때 제가 "지금 ○○씨가 가장 마음 쓰이는 것은…"이라고 표현하면 듣는 입장에서 큰 부담이 없을 것입니다. 그런데 제가 대놓고 '불안'이라는 단어를 언급한다면 어떨까요?
"지금 ○○씨의 불안은~ 불안이~ 불안을~" 하며 불안이라는 단어를 반복하면 듣기가 무척 거북할 것입니다. 가뜩이나 불안한 사람에게 불안이라는 단어를 직접적으로 반복하는 것은 부정적인 생각을 북돋우는 꼴이 되니까요.

대화를 나누며 내 의도가 잘못 전달되는 상황을 막고 싶다면, 이야기를 할 때 비언어적, 준언어적 요소에 더욱 주의를 기울이세요. 상대방에게 부담을 줄 수 있는 직접적인 단어나 부정적인 단어는 되도록 피하는 것이 좋습니다. 그렇게 하면 오해를 받는 일이 줄어들 것입니다. 물론 무엇보다 중요한 것은 누구나 이해할 수 있도록 쉽고 친절하고 정중한 말을 하는 것이겠지요.

죽고 싶다는 말 앞에서

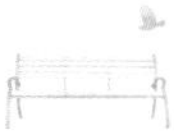

"이렇게 살아서 뭐하겠어요. 그냥 죽어버릴까 봐요."

대화를 나누는데 상대방이 갑자기 '죽고 싶다'는 말을 한다면 누구나 당황스러울 것입니다. 하지만 지금까지 이야기한 내용을 기억하고 있다면, 이런 상황에 어떻게 대응해야 할지 이미 아실 것이라 생각합니다.

우선 상대방의 마음을 그대로 받아들여 응답합니다. 고개를 끄덕이고, "죽고 싶다고 생각하시는군요…" 하는 식으로 반복법을 사용하거나 잠시 침묵합니다. 그리고 물어보세요.

"왜 그렇게 생각하세요? 괜찮으시다면 왜 그렇게 생각하시는지 말씀해주시겠어요?"

심문조나 부정적인 뉘앙스가 되지 않도록 주의하면서 말해야겠지요. 비언어적, 준언어적 태도를 중립적으로 유지하고 '당신의 심정을 알려주세요'라는 마음으로 귀를 기울입니다. 그리고 핵심이 되는 말이 나오면 한층 더 들어가 질문을 합니다.

"제가… 쓸모없는 사람이 되어버렸으니까요."
고개를 끄덕이고 반복, 침묵.
"왜 쓸모가 없다고 생각하세요?"
"걷지도 못하고 다른 사람들에게 신세만 지고 있잖아요."
"다른 사람들에게 신세를 지고 있어서 쓸모가 없다고 생각하시는 건가요?"
"네."
침묵.
"선생님, 저는 이제 어떻게 해야 하나요?"
침묵.
"어떻게 하면 좋으시겠어요?"
"그건….."

이렇게 대화를 이어가다 보면, 상대방이 스스로 대답을 찾을 수 있는 계기가 만들어지곤 합니다. 물론 곧바로 되지 않는 경우도 있고, 영원히 답을 찾지 못하는 경우도 있습니다. 그러므로 조급해하지 않고 천천히 대응해야 합니다.

“어렵네요. 하지만 어떻게 해야 할지 알게 되면 좋겠어요. 제가 뭔가 할 수 있는 일이 있다면 알려 주세요. 저야 들어드리는 일밖에 못하지만 그래도 힘이 되고 싶어요. 함께 헤쳐 나가요.”

위에서는 ‘개인적 지원’과 ‘협력 관계 표현’으로 접근해 대답했지만 ‘정당화’로 대답해도 좋을 것 같습니다.

“그렇게 생각하시는 것도 당연해요. 힘드시지요?”

그러나 이것이 ‘들어드리는 일밖에 못하지만’으로 끝나지 않으리라는 사실, 여러분도 잘 아시지요?
‘들어드리는’ 작업을 통해 상대방이 스스로 깊이 생각하게 됩니다. 이것이 치료적 대화입니다. ‘인생의 의미를 찾는 단서’를 제공하는 멋진 경청입니다.

문제 해결이 불가능한 문제

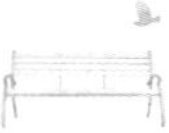

대답하기 어려운 질문을 받았을 때는 반드시 대답하지 않아도 괜찮다고 말씀드렸습니다. 대부분의 경우, 침묵하는 것이 훨씬 자연스럽고 현명합니다. 그런데 간혹 대답을 꼭 듣고 싶어 하는 분들이 계십니다. 그런데 그것이 '현실적으로 해결이 불가능한 것'에 대한 질문이라면 더욱 난감해집니다.

예를 들어, 제가 의료 현장에서 만난 분 중에 '더 이상 치료가 불가능하다'는 사실이 확실해졌는데도 계속 치료를 부탁하는 분이 계셨습니다.

"선생님, 저는 계속 치료받고 싶어요. 어떻게 안 되겠습니까? 네?"

이때 제가 안쓰러운 마음에 "괜찮아지실 겁니다", "네! 치료해드
릴게요"라고 거짓말을 하면, 이분은 언젠가 현실과 허구의 엄청난
차이에 부딪혔을 때 더욱 힘들어질 것입니다. 비정한 현실을 기꺼
이 받아들이는 사람은 없습니다. 게다가 무리해서 현실에 직면하
게 하면 충격의 강도는 오히려 더 커집니다. 그러면 상처는 더 깊
어지겠지요. 그렇다면 이렇게 실현 불가능한 희망에 기대는 분들
을 어떻게 대해야 할까요?

위에서 말한 그 환자분이 제게 다시 대답을 재촉했습니다.
"선생님, 저는 어떻게든 낫고 싶어요!"
이때 저는 배려를 담아 진실을 전달해야 합니다. 우선은 고개를
끄덕이며 반응하고, 그의 말을 반복하고 침묵하면서, 그가 감정의
컵을 비울 수 있도록 해주었습니다.
"선생님, 저는 어떻게 해야 하나요? 무엇이라도 좋으니 가르쳐주
세요. 주치의 선생님은 아무것도 대답해주지 않잖아요."

하지만 그때 저는 잘못된 대답을 했었습니다.
"그것은 ○○씨가 스스로 발견하셔야지요. 지금은 모르겠지만 시
간이 지나면 해결책이 나오지 않을까 싶습니다."
그가 오해하지 않도록 애써 부드럽게 말했습니다만 오히려 그를

더 화나게 하고 말았지요.

"뭐야 결국 아무것도 가르쳐주지 않잖아…."

제가 한 대답은, 병이 낫기를 바랐던 그분이 듣고 싶었던 답과는 거리가 아주 멀었을 것입니다. 결국 그는 마음을 닫아버렸고 그와의 치료적 대화는 별다른 효과를 보지 못했습니다. 실패로 남아있는 저의 경험담입니다. 그때 저는 좀 더 다른 방식으로 그에게 대응해야 했습니다. 이런 경우 여러분이라면 어떻게 하시겠습니까?

문제 해결이 불가능한 문제에 대해 물어올 때 효과적인 방법은 '목표지향형 접근'입니다.

우리는 눈앞의 문제를 해결하는 작업(이것은 문제지향형 접근이라고 합니다)에 익숙합니다. 작은 문제를 해결해 나가며 전체를 좋게 만들어가는 방식을 친밀하게 느낍니다. 그러나 해결할 방법이 없는 큰 문제이거나 문제가 너무 많이 쌓여 있어 해결하기가 어려운 경우에는, 작은 문제를 해결해 나가며 전체를 해결하려 하다 보면 결국 막다른 골목에 다다를 때가 많습니다. 그때 필요한 것이 바로 '목표지향형 접근'입니다. 현실적인 목표를 세워 그것을 향해 나아가는 접근법을 말합니다.

제 경험에 비추어봤을 때, 여생이 얼마 남지 않은 분들에게 그때그때 눈앞의 문제를 해결하는 '문제지향형 접근'만 적용하는 것은 삶의 질을 높이는 데에 효과적이지 못했습니다. 당연하겠지요. 그 순간의 작은 문제들을 해결한다고 해도, 곧 또 다른 문제들이 발생할 테니까요. 그리고 소소한 것들을 아무리 해결한다고 해도 결국 한계가 있기 마련입니다. 이럴 때는 눈앞의 문제를 해결해가는 동시에 한 차원 높은 목표(삶의 질을 개선하기 위한)를 세우도록 이끌어주어야 합니다. 이야기를 하는 사람이 '목표'를 세울 수 있도록 경청하는 사람이 계기를 만들어주는 것이지요. 예를 들면 이런 것입니다.

"낫는다는 희망도 중요하지만 그런 생각과 병행해서 하고 싶은 일은 없으세요?"
"지금 할 수 있는 일을 생각해보시지 않겠어요?"
"무엇을 하면 가장 좋을 것 같으세요?"
"하고 싶은 일이나 해야 하는 일은 없으세요?"

이렇게 대화를 통해 상대방에게 목표를 제시해주는 것입니다. 앞에서 말한 에피소드의 경우, 제가 이렇게 대응했으면 좋았을 것입니다.

"선생님, 저는 어떻게든 낫고 싶어요! 저는 어떻게 해야 하나요?"
"지금 상태로선 명확한 해결책을 드리긴 어렵습니다. 의료적인 것

외에 지금 할 수 있는 일을 생각해보시는 건 어떨까요? 그간 하고 싶었던 일이나 해야 할 일은 없으신가요?”

목표를 가진 환자들이 문제 해결만 중시한 환자보다 더 오래 사는 경우가 많습니다. 목표를 세우는 행위가 삶에 대한 희망으로 연결되기 때문입니다.

사람은 어떤 상황에서도 미래를 생각하는 존재입니다. 미래를 함께 만들어 가는 것, 미래를 추구하고 새로운 이야기를 함께 만들어 가는 행위가 ‘해결되지 않는 눈앞의 고통’으로부터 상대방을 구하고 희망을 줍니다.

그러기 위해서는 “그 마음 저도 잘 압니다”, “지금 할 수 있는 일을 생각해보시면 어떠세요?”, “무슨 일을 하면 더 좋을 것 같으세요?”, “저도 그 문제가 해결되면 좋겠습니다. 목표를 한번 세워보시지 않겠어요?” 등 이야기를 들어주는 사람이 목표를 세우는 일에 동기 부여를 하는 것이 좋습니다. 이를 통해 해결할 수 없는 문제에 절망하고 있는 그 사람은 새로운 희망을 발견하게 됩니다.

받아들이라는 말 대신

불행을 체험하거나 좋지 않은 소식을 들은 후 이를 쉽게 받아들이는 사람은 없습니다. 예를 들어 암 선고를 받은 사람은 다양한 마음의 변화를 겪게 됩니다. 이 고통들이 사그라지기까지는 일정한 시간이 걸립니다. 상대방이 겪는 고통들을 간단하게 생각해서는 안 됩니다. 고통스러운 현실을 직시하고 받아들이게 하는 것이 경청의 목표가 되어서는 안 됩니다. 자신의 고통을 쉽게 받아들일 수 있는 사람은 없다는 사실을 잊지 말아야 합니다.

죽음과 마주한 사람들의 마음 변화를 연구한 엘리자베스 퀴블러 로스Elizabeth Kubler Ross는 그녀의 저서 《죽음의 순간》에서 죽음을 받아들이는 과정을 5단계로 제시했습니다. 부정, 분노, 타협, 절망, 수용이 그것입니다. 그러나 저는 얼마 전부터 '수용'이라는 단어를 함부로 사용하면 안 되겠다는 생각을 하게 되었습니다.

말기 암을 앓고 계신 분이 있습니다. 이분을 담당하는 주치의가 이렇게 말했습니다.
"○○씨는 병을 받아들이고 있습니다."
정말 그럴까요? 그는 자신이 암으로 죽을 것이라는 사실을 명쾌하게 받아들이고 있을까요?
물론 병과 함께 살아가는 분도 많이 계십니다. 이런 분들은 병을 골치 아픈 파트너로 생각합니다. 어쨌든 병과 함께할 수밖에 없다면 내가 마음을 다르게 먹고 '성가신 녀석 같으니!' 하며 좋은 쪽으로 생각하며 함께 살아가는 것입니다.
하지만 그렇다고 해도 모든 것을 받아들이는 건 아닙니다. 때로는 이질감도 느낍니다. 나쁜 정보까지 모두 '받아들이는' 것이 아니라 그런 사실을 어쩔 수 없이 '받아내는' 것입니다. 고통 받는 사람들을 두고 그들이 '고통을 수용하고 있다', '고통을 받아들이고 있다'고 쉽게 이야기할 수 없습니다. 그들은 그저 어쩔 수 없이 '받아내고' 있는 것뿐입니다. 이 차이를 인식하고 있느냐에 따라 경청자의 자세도 확연히 달라집니다. 상대의 고통 앞에 겸손해집니다.

저는 경청의 과정 중 상대방에게 무리하게 '수용하라'는 메시지를 보내서는 안 된다고 생각합니다. '언젠가 인정할 수 있을지도 모른다. 그것을 위해 조금이라도 도움이 되고 싶다. 이야기를 귀 기울여 들어줘야겠다'는 정도의 마음이면 충분하다고 생각합니다.

저는 엘리자베스 퀴블러 로스의 5단계설을 설명할 때 말고는 '수용'이라는 말을 몇 년째 쓰지 않고 있습니다. 아마 환자에 대한 평가나 목표 설정을 위해 수용이라는 말을 쓰는 일은 앞으로도 없을 것 같습니다. '받아들인다'는 말도 마찬가지입니다.

고통은 받아들이는 것이 아니라 받아내는 것입니다. 저는 이 말이 더 현실적이라고 생각합니다. 우리는 모두 고통 속에서 현실을 받아내며 살아가고 있습니다.

자신이 실연을 당했을 때 "저 사람은 실연을 수용하지 않고 있다"라는 말을 듣고 기분 좋을 사람은 없습니다. 하물며 소중한 사람을 잃고 "죽음을 수용하지 않는다. 받아들이지 않고 있다"라는 말을 듣고 싶은 사람은 더욱 없겠지요. 자신이 듣고 싶지 않은 말은 다른 사람에게도 해서는 안 됩니다. 항상 조심해서 말해야 합니다.

'한 끗 차이의 말일 뿐인데, 그렇게까지 염두에 두어야 하나?' 하고 생각하는 분이 계실지 모르겠습니다.

완화의료뿐 아니라 모든 의료 현장과 사회 전반에서 말은 힘을 갖습니다. 말이 곧 치료가 될 때도 있습니다. 표현의 작은 차이로 상대방으로 하여금 용기를 얻게 하기도 하고, 나락으로 떨어지게 하기도 합니다. 그러므로 얼핏 부족함 없이 들리는 말 같아도 다시 한 번 생각해야 합니다. 때로는 말 한마디가 약을 능가하는 훌륭한 치료제가 됩니다.

소중한 사람을
잃은 분과 만났을 때

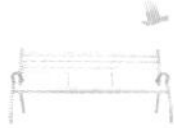

2009년 일본에서 개봉한 〈지지 않는 태양〉*이란 영화가 있습니다. 이 영화에는 항공기 사고로 아들 부부와 손자를 잃고 홀로 남은 60대 남성이 등장합니다. 그리고 영화의 마지막에 항공사 직원이 그에게 편지를 보내는 장면이 나옵니다.

그 편지의 문구가 가슴에 남아 여기서 소개하고 싶습니다. 소중한 사람을 잃은 사람을 대할 때의 태도를 정말 잘 표현하고 있습니다.

"나는 지금도 절망의 늪에 서 있는 당신에게 할 말이 없습니다. 내

---

* 〈하얀 거탑〉의 원작자인 야마자키 도요코(山崎豊子)의 장편소설을 영화화한 것. 국내 미개봉.

가 지금까지 경험한 모든 고통스러운 시간을 백만 번 반복한다 해도 당신의 절망에는 결코 미치지 못할 것입니다."

소중한 사람을 잃은 고통은 그 무엇과도 비교하기 어렵습니다. 지금 내가 가진 고통이 아무리 크다고 할지라도 당신이 겪고 있는 고통을 이해하기는 어려울 것이라는 사실을 인정하기만 해도 그 사람을 대하는 행동에 배려가 실립니다. 그리고 이렇게 배려하는 마음이 생기면 어떤 말도 쉽게 할 수 없게 됩니다. 그러니 굳이 위로할 말을 찾지 않아도 괜찮습니다. 오히려 성급하게 위로하려 하거나, 어색한 침묵을 견디지 못하고 아무 말이나 하다 보면 상대방은 '이 사람은 내 마음을 알아주지 못하는 구나'라는 생각에 절망감만 더 깊게 느낄 것입니다.

여러분의 곁에 소중한 사람과 이별한 분이 계신가요? 그렇다면 그가 슬픔과 마주할 수 있는 시간을 가질 수 있도록 배려하고 곁에서 가만히 지켜보세요. 이야기를 풀어놓게 하려고 무리하게 다가가지 마세요. 차분하게 그가 '스스로 이야기를 하고 싶어 하는 때'를 기다리는 것이 중요합니다. 담담히 곁을 지키며 마음과 귀를 열어두세요. 언젠가 그가 입을 열기 시작할 때 지금까지의 경험이나 이야기를 자유롭게 말할 수 있도록 기다려주세요.

당장의 위로보다는 조용히 경청할 준비를 하는 것이 더욱 따스하고 현명합니다. 그리고 그가 이야기를 시작했을 때 서투른 위로를 하지 않도록 주의해야 합니다.

"힘내세요."

"울면 안 돼요!"

"빨리 건강해지세요!"

"얼마나 힘드신지 이해할 수 있어요."

"당신만 그런 것이 아니에요."

"이제 털어버리신 거예요?"

"시간이 모든 것을 해결해줄 거예요."

이런 말은 이별을 체험함 사람과의 소통을 방해합니다.

저는 경험을 통해 소중한 사람을 잃은 이들의 시간은 그렇지 않은 이들의 시간과 전혀 다르다는 것을 실감했습니다.

"이제 시간이 많이 지났으니까, 1년이나 흘렀으니까."

가볍게 하는 이런 말도 그들에게는 큰 상처가 됩니다. 소중한 이를 떠나보낸 사람의 시간은 일반적인 시간과는 전혀 다르게 흐릅니다.

사별의 고통을 겪고 있는 분들은 '소중한 사람을 구하지 못했다'는 죄책감에 시달리는 경우가 많습니다. 잊고 싶은데 잊지 못해 고통스러워하는 경우도 많지요. 그들에게 "이제 그만 현실을 직시하셔야 해요"라거나 "산 사람은 살아야지요. 이제 그만 잊도록 노력해보세요" 같은 말을 하는 것은 전혀 도움이 되지 않습니다.

소중한 이를 떠나보낸 사람들은 이미 충분히 현실을 직면하고 있습니다. 생각하지 않으려고 할수록 생각이 나고, 잊으려 할수록 잊히지 않을 뿐입니다. 그들의 고통은 타인이 섣불리 상상할 수 없고 언제까지 계속될지, 언제 치유될지 감히 장담할 수 없습니다.

그들에게는 "시간이 지나면 괜찮아지실 거예요"라는 위로의 말보다는 담담하게 공감하거나 마음을 어루만지는 말이 더 어울립니다.

"힘드시지요?"

"조금이나마 마음이 가벼워지시면 좋겠어요."

"저희가 항상 곁에 있을게요."

그들에게는 긴 시간 동안 천천히 슬픔을 소화하고 새로운 이야기를 만들어가는 과정이 필요합니다. 부디 할 말이 없다고 두려워하지 말고 곁에 있어 드리기 바랍니다. 말을 하지 않아도 힘이 될 수 있습니다.

앞에서 소개했던 그 편지의 문구를 다시 한번 떠올려보세요.

"나는 지금도 절망의 늪에 서 있는 당신에게 할 말이 없습니다. 내가 지금까지 경험한 모든 고통스러운 시간을 백만 번 반복한다 해도 당신의 절망에는 결코 미치지 못할 것입니다."

이 말을 생각하며 그 곁에 머무른다면 여러분은 분명 그 사람에게 힘이 될 수 있을 것입니다.

우울증과 성격 이상에
대처하는 자세

제목 그대로입니다. 경청하는 마음으로 사람들을 대하다 보면, 우울증이나 성격 이상 증세를 보이는 분들을 만나게 되는 경우가 종종 있습니다. 이런 경우는 사실 일반인이 대응하기는 무척 힘듭니다. 무리하게 열정을 쏟지 말고 한 발 뒤로 물러나는 것이 좋습니다.

그런데 내가 정신과 의사도 아닌데 '그가 우울증인지 아닌지, 성격 이상인지 아닌지' 어떻게 판단할 수 있을까요? 상대가 우울증 증세인지 아닌지 판단하기 위해서는 "하루 종일 기분이 가라앉아 있으신가요?", "지금까지 재미있었던 일이 더 이상 즐겁지 않은가요?"와 같은 우울증 진단 기준을 따져봐야 합니다. 하지만 이런 방법은 현실적으로 적용하기가 어렵지요. 그보다는 이 정도 기준을 갖고 있는 게 유용할 것입니다.

여러 차례 경청했는데도 상대방의 고통이 줄지 않거나 오히려 더 커지는 경우, 혹은 경청의 과정에서 이상 행동이 눈으로 확인되는 경우에는 정신과 의사를 찾도록 하는 것이 좋습니다. 만약 상대방이 진짜 우울증 상태라면 주변에서 아무리 경청해주어도 효과를 보기 어렵습니다. 그럴 땐 항우울제 같은 치료약이 필요합니다. 한 번 우울증에 걸리면 경청만으로는 치료하기가 어렵습니다. 상대방의 우울 증세를 대수롭지 않게 그냥 넘어갔다가 비극적인 결말에 이르는 일도 있으므로 충분한 주의가 필요합니다. 상대방이 합리적인 이유 없이 불쑥불쑥 "죽고 싶다"는 말을 내뱉을 때에도 우울증을 의심해봐야 합니다. 그리고 한시라도 빨리 전문의를 찾도록 해야 합니다.

상대방이 '성격 장애'를 가진 경우가 있을 수도 있습니다. 성격 장애란, 생각이나 행동이 극단적으로 편향되어 사회에 적응하기 어려운 상태를 말합니다. 성격 장애에는 다양한 종류가 있습니다. 예를 들어 경계성 성격 장애의 경우 불안정한 대인관계(어떤 사람을 이상화하거나 비하하는 것이 지나치게 자주 바뀌는 것)나 감정 조절 곤란, 충동적 행동, 강한 불안 등의 증상이 나타납니다.

이 역시 앞의 우울증 예측과 비슷한 방법으로 생각하면 됩니다. 일반적인 경우라면, 이 책에서 말한 경청의 방법들을 실행하면 상대방은 조금씩 자신의 힘으로 평정을 찾습니다. 하지만 경청을 하면 할수록 상대방의 고통이 깊어진다면, 그것은 그분의 고통이 일반적인 차원의 것이 아니기 때문입니다. 이때도 역시 정신과 전문의의 치료를 받도록 하는 것이 좋습니다.

성격 장애를 앓고 있는 분들은 처음에는 자신의 이야기를 들어주는 것에 무척 감사해하며 가까운 관계를 유지하다가, 시간이 지나면 이상 행동을 보이기 시작합니다. 주변 사람들에게 경청자의 험담을 끊임없이 한다거나, 경청하는 이가 하지도 않은 일을 했다고 누명을 씌우고 다른 사람에게 거짓말을 하기도 합니다. 의료 현장에도 이런 유형의 분들이 종종 있습니다. 저도 몇 차례 휘말린 적이 있습니다. 이런 분들을 일반인이 대응하기는 무척 어렵습니다. 무언가 이상하다고 생각되면 전문가와 상담을 하고 거리를 두는 수밖에 없습니다.

제가 이 이야기를 드리는 이유는 살다보면 모든 일이 의도대로 이상적으로 흐르는 것만은 아니기 때문입니다. 상대방에게 힘을 주고자 하는 선한 의도로 경청을 실천하고 있다고 해도, 생각과 다른 상황과 마주하게 되는 경우가 종종 있습니다. 그럴 경우를 미리 인지해두는 것도 경청의 기술 중 하나입니다. 경청을 할 수 있는 상황이 아니라고 판단이 되면 적절하게 뒤로 물러날 줄 알아야 합니다. 부디 무리하지 마시기 바랍니다.

경청하는 일에 지치지 않으려면

누군가의 이야기를 경청하는 데에는 적지 않은 정신력과 체력이 필요합니다. 경청이 직업인 저도 온 힘을 다해 경청할 수 있는 사람은 하루 열 명 미만입니다.

특별한 훈련을 받지 않은 사람이라면 한 명의 이야기를 경청한 뒤에도 엄청난 피로를 느낄 것입니다(혹시 누군가의 이야기를 경청한 후 피로감이 급격히 몰려온다면 가볍게 스트레칭을 하거나 심호흡을 해 몸의 긴장을 풀어주세요. 몸이 유연해지면 마음도 따라 유연해지는 효과가 있습니다).

경청하는 일이 그저 소모적인 일이 되지 않도록 하기 위해서는 나를 돌봐줄 누군가도 필요합니다. 타인을 위해 늘 귀를 기울이는 사람이라면, 대부분 마음이 강한 훌륭한 분들일 것입니다. 그러나 그럴수록 열정이 지나칠 수 있습니다.

누군가를 돌보는 것은 혼자 힘으로는 한계에 부딪힐 때가 많습니다. 저처럼 의료 현장에 있는 전문가도 환자를 만날 때는 되도록 여러 스태프들이 함께 만납니다. 여러 명이 모이면 지혜도 풍부해지고 다양한 시점으로 상황을 판단하여 여러 가지 해결책이 나올 수 있습니다. 경험 많은 전문가라 해도 혼자만의 힘으로 누군가를 제대로 돕기는 어렵습니다.

그러니 고통 받는 누군가를 돕고자 할 때는, 나의 곁에서 나를 돌봐줄 사람도 만드는 것이 좋습니다. 내가 누군가를 돌보는 것처럼 나를 돌봐줄 제3의 사람을 정해 두고 미리 그 사람에게 도움을 청해두세요. 특히 가족 중에 오랫동안 아픈 사람이 있고, 내가 그를 돌보고 있다면 더욱 그래야 합니다. 누군가를 돕고 있는 나를 곁에서 지켜보고 도와줄 사람이 필요합니다.

사람은 다른 사람의 일은 제대로 판단하면서 의외로 자신에 대해서는 그렇지 못한 경우가 많습니다. 그러므로 누군가를 돌볼 때는, 돌보고 있는 자기 자신을 객관적으로 봐줄 사람을 확보하는 것이 중요합니다. 그렇게 하면 지나치게 몰입하여, 고통 받는 그와 일체화되는 것을 피할 수 있고 물러나는 시점을 알기도 쉬워집니다.

그리고 경청을 할 때는 소요되는 시간을 미리 가늠해두세요. 누군가를 돕고자 하는 사람은 대부분 의리가 강해서 타인의 이야기를 최대한 다 들어주려 합니다. 그러나 누구에게나 주어진 하루는 24시간뿐입니다. 내가 타인에게 할애할 수 있는 시간은 한계가 있습니다. 누군가를 위해 한없이 시간을 쏟아붓는 것은 현실적으로도 불가능하고, 의존 관계를 만들게 되기 때문에 상대방에게도 좋지 않습니다. 이런 현상을 막기 위해서는 "오늘은 1시간동안 이야기를 나누어야지" 하는 식으로 스스로 계획을 세워 두어야 합니다. 무한정 귀를 열어주는 것이 반드시 좋은 것은 아닙니다.

계획보다 시간이 초과되었을 때에는 "죄송합니다. 오늘은 시간이 다 돼서 다음에 다시 뵐게요"라고 말하고 경청을 마치는 것이 좋습니다. 얼핏 무례해 보일 수도 있지만, 내가 좀 더 지속적으로 경청하기 위해서는 이쪽이 더 현명합니다. 억지로 시간을 소비하다가 결국 내가 부담을 이기지 못하고 손을 놓아버리면 결국 상대방은 나를 통해 힘을 얻지 못합니다. 그러므로 균형을 생각할 필요가 있습니다.

경청을 할 때는 되도록 상대방의 말을 부정하지 말고 열린 마음으로 듣는 것이 중요하지만, 상대방이 문제가 있는 행동이나 반사회적인 언동을 할 때에는 확실하게 "그런 행동은 좋지 않습니다"라고 전하는 것이 좋습니다.

예를 들어 상대방이 자신의 편의를 위해 남을 속이려고 하고 있다면 "그런 행동은 그만두는 편이 좋다고 생각합니다"라고 말하는 것이 좋습니다. "당신 따위가 내 기분을 알기나 해!"라고 무례하게 말하는 사람에게는 "알고 싶어서 여기에 온 것입니다. 하지만 이런 상황이라면 저도 더 이상 대화를 할 수 없습니다"라고 부드럽게 전달하는 등 나름대로 대응을 해야겠지요.

이런 상황에서 대응을 할 때는 기본적으로 '당신'을 주어로 하지 말고 '나'를 주어로 하는 것이 좋습니다. '나는 이렇게 생각한다'는 형태로 의사를 전달하는 것이 상대를 자극하지 않는 방법입니다.

"당신이 그렇게 말을 하니 유감입니다."
→ "제가 그런 말을 듣게 되어 유감입니다."
"당신이 계속 그런 식으로 이야기를 하면 저는 더 들을 수 없습니다."
→ "저는 이런 식으로는 이야기를 더 들어드릴 수 없습니다."

상대방에게 힘을 주려면 내게 힘이 있어야 합니다.

내가 지치지 않고 균형감 있게 건강한 상태를 유지할 수 있도록
스스로 주의를 기울이는 것이 중요하다는 것을 잊지 마시기를 바
랍니다.

나이는 중요하지 않아

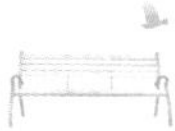

이제 지금까지의 이야기들을 정리할 시간입니다. 제가 50대 남성의 암 환자인 X씨를 진료하는 과정에서 나눈 대화를 소개합니다. 이 대화들을 살펴보면서 이제까지 말씀드린 내용들을 한번 되짚어보세요.

"어떻게 해도 기분이 나아지지 않아요. 내일도 관공서 사람이 오는데… 나를 빼고 이야기가 진행되는 것 같아서… 내일 관공서 사람과 안 만나면 안 되나요? 원래 관공서는 딱딱해서 별로 좋아하지 않거든요."

X씨의 말에서 문제를 파악하셨나요? 지금 X씨의 문제는 관공서가 아니라는 것이 명백합니다. "나를 빼고 이야기가 진행되는 것 같다"는 것이 문제입니다. 저는 이렇게 대답했습니다.

"아직 병에 대해 이야기가 끝난 것도 아니고, 시간이 많이 지난 것도 아니니, 이런저런 생각이 드시는 것이 당연합니다. 앞으로의 일은 천천히 결정하셔도 괜찮습니다. 또 관공서 수속에 시간이 걸리는 것도 사실이니 이야기를 한번 들어두셔도 괜찮을 것 같습니다."

우선 X씨를 지지하는 태도를 취했습니다. 하지만 조급해할 필요 없다는 것을 알려주었지요. 그리고 미래를 위해 해두면 좋을 일들은 하는 편이 좋다는 메시지를 전달했습니다.

"그러네요. 선생님, 저는 어떻게 하면 좋을까요?"
"네… (잠시 침묵) … 어떻게 하고 싶으세요?"

침묵과 반복입니다.

"글쎄요. 사실 어떻게 해야 할지 저도 잘 모르겠어요."
"어떻게 해야 할지 모르겠다는 것도 훌륭한 대답입니다. 시간을 갖고 천천히 생각하면서 방법을 찾는 것도 좋지요."

지지하는 태도입니다. 다시 한 번 조급할 필요 없다는 메시지를 전했습니다.

"그건 저도 압니다. 정신과 Y선생님도 그렇게 자주 이야기해주셔서 기뻐요. 지금은 어떻게 해야 좋을지 모르겠으니까… 병에 대해 심각한 이야기를 들으면 충격에서 헤어 나오기가 힘들어요. 이제 방사선 치료밖에 없다는 것은 이제 더 이상 방법이 없다는 말이니까…. 방사선 치료가 그런 것 맞지요?"
"다른 종양보다 X씨의 종양에는 방사선 치료가 잘 듣기 때문이 아닐까요? 그러니 '이제 방사선 치료밖에 없나' 하는 것보다는, 그것이 가장 효과적인 치료법이니 받는 것이 좋다고 생각하는 편이 맞을 것 같습니다. 앞으로의 일은 천천히 생각하시고요."
"그렇다면 다행이네요. 지금은 병원에 있으니 안심이 돼요. 이런저런 불안이 밀려와서 혼자 있으면 기분이 이상해지는 것 같아요."

여기서 질문입니다. 여러분이 이 환자를 담당하는 간호사라고 해봅시다. 앞으로의 대화를 어떻게 이끌어나가면 좋을까요?

답을 아시겠나요? 맞습니다. '이끌지 않는' 것이 답이지요.

지금 X씨는 분명 초조해하고 있습니다. 사실 상태가 심각하다는 판정을 받은 지 일주일도 지나지 않았습니다. 마음이 생각대로 컨트롤되지 않고 불안이 밀려오는 것은 당연합니다. 이럴 때는 곁에서 미래에 대한 자세를 재촉하거나 이끌지 말고 잠자코 기다려주는 것이 좋습니다.

다음은 저희 팀 간호사와 X씨가 나눈 대화들입니다.

"뭔가… 버려진 듯한 느낌이 들어요. 더 이상 할 수 있는 일도 없고. 이제 완화의료로 들어가는 건가요?"

"완화의료는 손을 쓸 수 없는 분들을 대상으로 하는 것이 아니에요. 고통을 받는 사람이라면 누구에게나 적용이 되는 것이기 때문에 선생님께서 생각하시는 것과는 달라요. 잘 설명이 됐는지 모르겠네요."

"많은 사람들이 와서 이런저런 이야기를 하고 가서 좀 피곤해요. 이미 때가 다 됐다고 생각하는지…. 빠르든 늦든 결국 죽을 건데요, 뭐. 요즘은 아침에 일어나면 '아, 오늘도 살아 있구나' 합니다. 그냥 죽어버리면 좋을 텐데…. 뭐, 됐어요. 저는 독신이라 부양가족도 없고. 세상에 필요 없는 인간이니 언제 죽어도 상관없어요."

여기서 또 질문입니다. 여러분이 이 환자를 담당하고 있는 간호사라면 "언제 죽어도 상관없어요"라는 말에 어떻게 대답하시겠습니까?

"오늘 내일 돌아가시지는 않을 거니까 괜찮아요."
"조금 자세히 말씀해주시겠어요?"
"저희가 곁에 있으니 그런 슬픈 말씀하지 마세요."
"바람이라도 좀 쐬시고 기분전환을 하시면 어떠세요?"
"그런 식으로 생각하지 마시고 꼭 오래오래 사세요."

답을 아시겠습니까?

네, 답은 "조금 자세히 말씀해주시겠어요?"입니다.

핵심은 침묵과 반복을 실천하면서 그렇게 생각하는 이유를 묻고 또 듣는 습관을 들이는 것입니다. 답하기 어려운 질문이나 한탄을 들었을 때 곧바로 부정하거나 화제를 바꾸면 안 됩니다. 그렇게 생각하는 근본 원인을 찾아야 합니다. 이유를 물을 때에는 비언어적, 준언어적 메시지에도 신경을 써서 심문하거나 질타하는 느낌이 들지 않도록 주의해야 합니다.

물론 사람에 따라 대하는 방식이 조금씩 달라질 수는 있습니다. 저희 팀 간호사의 경우, 흥미로운 대답을 내놓더군요.

“저도 이 세상에 필요 없는 인간이에요. 저 대신 일할 간호사는 넘치니까요. 그런데 저는 X씨가 없으면 쓸쓸할 것 같아요.”
“아… 고맙습니다.”
“저희는 X씨가 정신적으로나 신체적으로나 즐겁게 계시면 좋겠어요. 담당의사 선생님께 진료를 받아 보시면 지금보다 더 좋아지실 거예요.”

정형화된 대답은 아니지만 X씨에게서 공감을 얻었습니다. 간호사가 그를 지지하고 있다는 사실을 비언어적, 준언어적 메시지로 분명하게 표현한 것이지요. 당신에게 힘이 되고 싶다는 마음도 잘 전달되었습니다.

“선생님, 낫고 싶지 않으세요?”
“낫고 싶지요.”
“앞으로 얼마나 더 살고 싶으세요?”
“어머니를 돌봐드려야 할 때까지는 살아있고 싶어요.”
“선생님은 정말 좋은 분이세요. 본인도 힘드실 텐데 어머니 걱정을 하시다니 정말 훌륭하세요.”
“고맙습니다.”

“병이 나으면 가장 하고 싶은 일은 무엇인가요?”라고 물었더라면
더 좋았겠지만, 어쨌든 환자와 간호사 사이에 우호적인 관계가 형
성되어 있어서 핵심이 되는 말은 다 나왔습니다. 그리고 간호사는
이야기를 잘 이끌어 내었고 환자의 대응을 존중한다는 메시지를
전달했습니다.

“사람들이 많이 다녀가서 힘드시지요?”
“힘드네요. 정리도 안 되고….”
“많은 사람들이 다녀가며 이런저런 이야기를 하고 스스로 생각이
정리가 안 되셔서 힘드시겠어요.”
“네, 맞아요.”

환자의 말을 반복하며 지금 상황을 명확화 해서 정리해주고 있습
니다. 바로 경청의 기술입니다. 이 간호사는 아직 20대 초반입니다.
20대인데도 50대 환자와 유연하게 소통을 하고 있습니다. 이렇게
경청을 하는 데에 나이는 중요하지 않습니다.
간호사는 앞으로의 일을 이야기하는 것은 잠시 미뤄두고 그의 생
각을 물었습니다. 그리고 경청의 기술을 이용해 그를 충분히 지지
해주었습니다.
이렇게 인생 경험이나 지식의 차이가 있다 해도, 고통 받는 이를 대

할 때는 적절한 기술을 사용함으로써 공감을 이끌어낼 수 있습니다. 굳이 대화를 리드할 필요는 없습니다. 경청의 기술을 올바르게 사용해 상대방으로 하여금 다양한 것을 깨닫게 하면 그가 스스로 문제를 해결하게 될 테니까요. 상대방의 힘을 이용해 더 큰 힘을 만드는 것이지요. 이런 점에서 경청은 유도 경기와도 비슷합니다.

조금씩, 작지만 위대하게

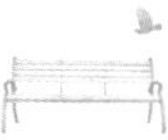

세상에는 다양한 갈등이 있습니다. 당연한 일입니다. 세상을 인식하는 장치인 뇌가 세상에 존재하는 사람의 수만큼 많기 때문입니다. 따라서 어떤 일을 해석하는 방법도 사람 수만큼 많습니다. 그리고 그 해석에는 배경이 존재합니다. 예를 들어 미국의 무인기가 파키스탄의 트라비얼 지역(파키스탄 북서쪽의 분쟁 지역)에서 탈레반 7명을 사살했다는 뉴스를 들었다고 합시다. 이 소식을 들은 아래 세 사람의 반응은 각기 다를 것입니다.

A씨(26세 남성)

미국에서 태어나고 자랐으며 일요일에는 교회에 다닙니다. 아버지는 군인이고, 미국은 정의를 수호하는 나라이므로 자국의 소중한 인적 자원 외에도 어떤 사람의 목숨이든 소중히 지켜야한다고 배웠습니다. 역사적으로도 미국은 여러 차례 민주주의를 수호하기 위해 싸워왔다고 생각하고 있습니다.

B씨(18세 남성)

파키스탄에서 나고 자랐습니다. 어릴 때부터 모스크에서 코란을 배웠습니다. 미국의 무인기에 의해 숙부와 여동생을 잃은 적이 있습니다. 그들은 탈레반의 전투대원이 아니었습니다.

C씨(24세 여성)

일본에서 태어나 일본의 평범한 가정에서 자랐습니다. 아버지는 직장인으로 골프를 무척 좋아합니다. 요즘 결혼이 어렵다는 말이 자꾸 들려와 불안합니다. 지금 사귀고 있는 남자친구와 빨리 결혼하고 싶어합니다.

A씨, B씨, C씨는 그 뉴스에 어떻게 반응했을까요?
위에 적힌 각자의 배경과 이야기를 바탕으로 반응을 예상해볼 수 있습니다. 한 가지 사건을 두고도 각자의 배경과 이야기에 따라 전혀 다른 해석과 반응이 나올 것이라는 사실을 이미 짐작할 수 있습니다. 특히 A씨와 B씨의 해석은 정반대가 되지 않을까요?
저마다 자신의 신념을 고수하며 끝나지 않을 싸움을 계속하는 것
이 오늘날의 세계입니다. 그리고 그것이 새로운 희생을 낳고 연쇄
적인 증오의 감정을 일으켜 배타적인 신념을 강화합니다. 하지만
이들이 서로의 이야기에 귀를 기울이면 어떻게 될까요?

누구나 각자의 이야기가 있습니다. 특히 일반적이지 않거나 나와
다른 경우, 다른 사람의 이야기를 이해하는 것은 더욱 어렵습니다.
선입견을 갖고 있어 중립적으로 듣지 못하는 사람들도 적지 않은
것 같습니다.
아마 A씨와 B씨는 각자의 배경으로 보나 심리적으로 보나 서로
를 이해하기가 어려울 것입니다. 그러나 A씨가 B씨의 이야기를 듣
고 그것을 인정하는 것이 가능하다면 어떨까요? 거꾸로 B씨가 A씨
의 이야기를 인정할 수도 있고요. 그렇다면 "왜 그런 일이 일어났을
까?", "고통의 원인은 무엇일까?"를 이해하는 것도 가능할 것입니다.
A씨와 B씨는 모두 괴로워하고 있습니다. 모두 현재 상태에 불안
과 슬픔을 안고 있습니다. 그것을 시작으로 이야기의 문을 열어보
면 어떨까요?
물론 이야기를 나누는 것만으로 모든 것이 해결되지는 않습니다.
하지만 이야기를 '공유'하면 서로가 서로의 이야기에 귀를 기울여

준다면 적어도 갈등이 고조되는 것을 피할 수는 있을 것입니다.

우리가 일상에서 겪는 갈등은 대부분 비슷합니다. 예를 들어 제 주변에서 자주 일어나는 갈등 중 하나를 예로 들어보겠습니다. 자, 여기 D의사와 E의사가 있습니다.

D의사(내과의)

"저는 생명을 구하기 위해 의사가 되었습니다. 어릴 때부터, 고치기 어려운 병을 치료해 낫게 하는 의사라는 직업에 동경을 품고 있었습니다. 저희 아버지는 '쉽게 포기하지 마라'라는 말을 입버릇처럼 하는 백전노장의 외과 의사였습니다. 저는 하루 종일 병원에서 일합니다. 환자의 고통을 가장 잘 아는 사람은 저라고 자부합니다. 가족과 함께하는 시간이 적어 미안하지만, 저는 병을 치료하고 사람을 살려야 할 의무가 있으므로 가족들이 이해해주었으면 합니다. 저는 쉽게 치료를 포기하는 의사들을 인정하지 않습니다. 어떤 상황에도 치료를 하는 것이 중요하다고 생각합니다."

E의사(완화의료의)

"저는 생명을 구하기 위해 의사가 되었습니다. 그러나 고통스러워하는 분들을 보며 세상에는 치료할 수 없는 병도 많다는 사실을 깨달았습니다. 저도 몸이 약한 편이어서, 환자의 고통을 건강한 사람보다 자주 느끼며 자랐습니다. 저는 환자들이 고통을 말끔히 없애지 못한 채 마지막을 보내는 것이 너무나 슬픕니다. 병을 치료하는 것도 중요하지만 그와 동시에 환자의 고통이 커지지 않도록 하는 것이 더 중요하다는 것을 느꼈습니다. 늘 죽음을 앞에 둔 환자를 돌보며 주치의에 버금가는 책임감을 느낍니다.”

두 의사의 차이가 느껴지시지요?

D의사가 34세 남성 말기 암 환자를 진료하게 되었습니다. 그에게 남은 시간은 몇 주가 되지 않고, 회복이 불가능하다는 사실은 유감스럽지만 확실했습니다. 이때 D의사와 E의사가 의견을 나눕니다.

“치료를 계속해야 합니다. 여기서 멈추면 안 돼요. 포기하지 마세요. 마지막까지 치료해야 합니다. 멈추면 끝나는 거예요.” (D의사)
“남은 시간을 가장 잘 보낼 수 있도록 하는 치료가 중요합니다. 고통이 점점 커진다면 치료를 중단하는 것이 결과적으로 수명을 연장하는 방법이 될 것입니다.” (E의사)

두 사람의 의견 다 일리가 있습니다. 하지만 서로의 이야기와 배경을 이해하지 않으면 이들의 대화는 평행선을 달릴 뿐이겠지요.

또 서로의 이야기와 배경을 듣는다 해도 그것이 현저하게 다르다면 공감이 어려울 수도 있습니다. 그러나 대화를 통해 갈등의 원인을 알게 된다면 적어도 소모적인 분노와 감정싸움은 줄일 수 있습니다.

보통 나라 간 외교를 할 때에는 큰 요구 사항을 먼저 꺼내고 상대가 타협안을 받아들이도록 세부적인 요구 사항을 알립니다. 하지만 일상의 많은 상황에서 이런 식으로 상대와 교류하려 한다면 심각한 갈등이 생길 것입니다.

서로의 소소한 이야기를 들어주고 각자의 배경을 이해하며 이를 통해 수준 높은 해결책을 도출하도록 노력하는 것이 우리의 일상에서는 더 현실적입니다. 물론 실제로 해보면 결코 쉽지 않습니다. '답은 하나뿐'이라고 굳게 믿는 사람들이 상당히 많기 때문입니다. 이야기는 늘 다양하고 그것이 배경이 되어 저마다의 오늘과 저마다의 말과 저마다의 행동이 나온다는 것을 한 사람 한 사람이 모두 이해해야 합니다.

누구나 자신만의 이야기가 있다는 사실을 인정하면 시간이 지남에 따라 증오와 갈등이 완화될지도 모릅니다. 일상의 사소한 다툼부터 세계 각지에서 벌어지는 전쟁까지, 적어도 조금씩은 누그러질 수 있겠지요. 이 '조금씩'의 힘은 작지만 위대할 것입니다.

우리의 인생을 가만히 들여다보면 서로 마음 깊은 곳까지 이해할
수 있는 기회는 많지 않은 것 같습니다. 그래서 커뮤니케이션의
수단은 많아져도 고독감은 사라지지 않는 것 같습니다. 그렇기 때
문에 더 시간을 들여 귀를 기울이는 자세가 필요합니다. 앞으로의
사회와 세계에서 경청은 점점 더 중요해질 것이라고 저는 생각합
니다.

우리 모두에게는 각자 자신의 나라, 자신의 문화, 자신의 종교와
가족이 있습니다. 그리고 저마다의 이야기가 있습니다. 한 사람 한
사람의 이야기는 다른 누구에게도 없는 그 사람 고유의 이야기입
니다. 그 둘도 없는 유일한 가치를 생각할 때, 사람은 이야기를 지
금과 다른 시점으로 보게 되고 따뜻하게 감싸 안을 수 있게 됩니
다. 그리고 그것은 내일을 향한 더 큰 양식이 됩니다. 그 과정에 바
로 경청이 자리하고 있습니다.

이야기를 마치면서
정말 하고 싶은 이야기

지인 중에 다치가와 아미立川亞美라는 분이 계십니다.

"슈이치 씨, 우리 후회하지 않도록 살아야지!"

멋진 미소를 담아 늘 제게 그렇게 말씀해주시던 분이었습니다.

그분이 돌아가셨습니다.

직업상 저는 누구에게도 내일이 보장되어 있지 않다는 사실을 항상 실감하며 살지만, 그래도 함께 생각을 나누던 분을 잃는 경험은 감당하기 힘들었습니다. 그분의 추모회에 갔었는데 그녀가 생전에 사랑했고 저도 무척 좋아했던 노래가 흘러나왔습니다. 나카시마 미유키中島みゆき라는 가수의 〈탄생誕生〉이라는 노래입니다.

탄생

작사·작곡 : 나카시마 미유키

혼자서도 나는 살 수 있지만

누군가와 함께라면 삶은 훨씬 달라져

강하게 강하게 사는 사람일수록

작은 외로움에도 비틀거리는 것

불러도 불러도 닿을 수 없는 사랑이라 해도

허무한 사랑은 없어

기다려도 기다려도

돌아오지 않는 사랑이라 해도

허무한 세월은 없어

우연히 만나는 계절을 셈하며

우연히 만나는 생명을 셈하며

두려워하고 미워하면서

언젠가 사랑을 알아가

울며 태어나는 아이처럼

다시 한 번 살기 위해 울어왔구나

Remember 태어났을 때 누구나 들었던 말

귀 기울여 듣고 생각해 봐

처음 들었던 말 Welcome

Remember 태어난 것

Remember 만난 것

Remember 함께 살았던 것

그리고 기억하는 것

돌아볼 틈도 없이 시간은 흘러

돌아가고 싶은 장소가

또 하나씩 사라져가

기대고 싶은 누군가를 잃을 때마다

누군가를 지키고 싶은 내가 되어

멀어져 가는 계절을 셈하며

멀어져 가는 생명을 셈하며

기도하고 한탄하며

이미 사랑을 알고 있어

잊히지 않는 말은 누구나 하나쯤 있어

‘안녕’이라고 말해도 사랑한다는 의미

Remember 태어났을 때 누구나 들었던 말

귀 기울여 듣고 생각해 봐

처음 들었던 말 Welcome

Remember 하지만 생각이 나지 않는다면

나는 언제라도 네게 말해줄 수 있어

태어나 줘서 Welcome

Remember 태어난 것

Remember 만난 것

Remember 함께 살았던 것

그리고 기억하는 것

이 노래에서 말하고 있듯 한번 생각해보세요. 여러분이 태어났던 날을 말입니다. 아마 누구나 들었을 것입니다. "태어나줘서 고마워"라는 말을요. 다만 생각이 나지 않을 뿐입니다.

"아니, 나는 부모에게 사랑받은 적이 없어"라고 말하는 분도 계실지 모릅니다. "나는 누구에게도 사랑받아본 적이 없어"라고 말하는 분도 있을 수 있습니다.

하지만 아마 어머니 곁에서 출산을 돕던 분들은 분명 이렇게 말했을 것입니다. "웰컴"이라고요. 태어나줘서 고맙다고요.

지나가는 사람들도 미소를 지어주었을 것입니다.

"이 세상에 온 것을 환영해"라고요.

이 노래는 그런 이야기에 귀 기울여보고 떠올려보라고 말하고 있습니다. 만약 그런 이야기가 떠오르지 않는다면 "내가 너에게 말해줄게"라고 말합니다. "태어나줘서 고마워"라고요.

누구의 인생에나 이야기가 있습니다.

모든 사람의 이야기는 소중합니다.

모든 인생에는 저마다의 가치가 있습니다.

여러분에게도 여러분만의 이야기가 있고 가치가 있습니다.

그것을 찾도록 길을 알려주는 것이 바로 경청입니다.

우리는 즉각적인 반응을 요구하는 SNS의 시대를 살아가고 있습니다. 넘쳐나는 소통의 수단들로 모두 자신의 이야기를 하는 데에만 몰두하는 시대를 살아가고 있습니다.

그래서 우리는 더 아프고 상처 받는 일이 많은지도 모르겠습니다.

다들 '잘 말하기'를 원하지만, 사실 지금 우리에게 진정 필요한 것은 '잘 듣는 일'입니다.

제가 죽음을 앞둔 1,000명의 환자와 만나면서 느낀 것은, 사람은 환경이 갖추어지면 자연스레 무언가를 발견하게 된다는 것입니다. 제가 그들의 이야기에 귀를 기울일 때 그들은 저를 통해 자신과 진지하게 마주하였습니다. 그리고 경청의 과정을 통해 그들의 고통이 치유되어 가는 것을 저는 수없이 경험하였습니다.

그래서 여러분에게도 전하고 싶습니다.

경청이라는 근사한 일을 말이지요.

즐겁기만 한 인생은 없습니다.

슬프기만 한 인생도 없습니다.

죽음을 앞에 두고 얼마 남지 않은 시간을 보내는 사람이라고 해서, 그의 인생이 허망하기만 하다고 말할 수는 없습니다.

지금까지의 인생 이야기를 파악하는 방식에 따라 앞으로의 인생 이야기도 달라집니다. 그 매개가 되는 것이 바로 그의 이야기에 가만히 귀를 기울여주는 사람입니다. 경청의 힘을 전할 어떤 누군가가 있다면 그로 인해 나, 당신, 우리의 미래는 달라질 수 있습니다.

제가 그랬듯이 여러분도, 자신의 작은 행위를 통해 치유의 기적이 시작되는 감동적인 경험을 해보시길 바랍니다. 가만히 침묵하며 귀를 기울이는 것만으로도 당신은 상대방에게 충분히 메시지를 전하고 있습니다. 말하지 않아도 그 말이 전달됩니다.

그 순간 당신은 그의 인생에 있어 가장 중요한 사람일 것입니다.

경청을 통해 서로가 서로의 아픔을 나누고, 그 과정을 통해 스스로 힘을 얻고, 인생의 새로운 의미를 찾고, 조금씩 조금씩 고통을

줄여 나가고, 그래서 우리 모두가 행복한 인생을 살아가는 데에
이 책이 조금이나마 도움이 되었으면 좋겠습니다.
책을 내기까지 도움을 주셨던 여러분, 모두 고맙습니다.
저의 이야기에 귀를 기울여주셔서 감사합니다.

책을 닫으며
오츠 슈이치

귀를 기울여줄
단 한 사람만 있어도

우리는 지금을
견뎌낼 수 있습니다.

귀를 기울여줄 한 사람만 있어도

아프고 상처 받은 우리를 버티게 해줄 힘에 대한 이야기

초판 1쇄 2015년 4월 26일

지은이 | 오츠 슈이치
옮긴이 | 서라미

발행인 | 노재현
편집장 | 이정아
책임편집 | 손영미
디자인 | 권오경 김아름
조판 | 김미연
마케팅 | 김동현 김용호 이진규
제작 | 김훈일

인쇄 | 미래p&p
발행처 | 중앙북스(주)
등록 | 2007년 2월 13일 제2-4561호
주소 | (135-010) 서울특별시 강남구 도산대로 156 제이콘텐트리 빌딩 6, 7층
구입문의 | (02) 3015-4542
내용문의 | (02) 3015-4521
팩스 | (02) 512-7590
홈페이지 | www.joongangbooks.co.kr

© 오츠 슈이치, 2015

ISBN 978-89-278-0641-7 13180